Werner Dittmer

Würste, Pasteten & Co.

Über 50 einfache und erprobte Rezepte

Otto Maier Verlag
Ravensburg

Originalausgabe

Umschlaggestaltung: Graphisches Atelier
unter Verwendung eines Autorenfotos
Fotos: Werner Dittmer
Gesamtherstellung: Appl, Wemding
Printed in Germany

87 86 85 84 83 5 4 3 2 1

ISBN 3-473-43136-2

Inhaltsverzeichnis

Vorwort-Geschichte

Jedes Buch, das etwas auf sich hält, beginnt aus Tradition mit einem Vorwort. Warum soll bei einem Kochbuch ein solches Vorwort nicht die Freude aufs Weiterlesen wecken, so, wie bei einem guten Essen eine passende Vorspeise den Appetit an den folgenden Gängen anregen soll?

Lassen Sie mich statt eines sonst üblichen ernsthaften und gesammelten Vorwortes ein wenig in Erinnerungen aus meiner Kinderzeit stöbern und Ihnen ein paar Geschichten erzählen – Geschichten, die mich schließlich dazu veranlaßt haben, mich hinzusetzen und dieses Buch zu schreiben.

Wir waren beileibe keine wohlhabende Familie, und da ich auch noch zum Anfang der dreißiger Jahre in einer Zeit der allgemeinen Arbeitslosigkeit geboren wurde, war in meinen Kinderjahren ein Kleingarten in einer Schrebergartenkolonie nicht nur ein Ort zum Ausruhen am Wochenende, sondern eine willkommene Entlastung des Geldbeutels. So waren meine Kinderjahre außer vom ungebundenen Umhertollen im Garten verbunden mit selbstgemachten Köstlichkeiten. Großmutters Kirschmarmelade mit ganzen Früchten darin, das hausgemachte Johannisbeergelee und das Pflaumenmus, der süß-sauer eingelegte Kürbis – all das waren Dinge, an die ich mich noch heute nach so vielen Jahren mit Wehmut erinnere. Wenn ich erkältet war und Fieber hatte, gab's Großmutters eigenhändig eingekochten Kirschsaft, um die Temperatur zu senken, und wenn Großvater ans »Eingemachte« ging, war's eine Flasche Johannisbeer-, Kirsch- oder Erdbeerwein aus Früchten, auch aus dem eigenen Garten. Das war entweder an hohen Fest- und Feiertagen oder wenn Großvaters Freunde zum Schafkopfspielen kamen. Lange Zeit war's mir ein Rätsel, warum die alten Herren mit jedem Glas fröhlicher wurden und zum Schluß so ausgelassen waren wie sonst nur wir Kinder beim »Schwarzer Peter«-Spiel, wenn der Verlierer zum Schluß einen schwarzen Strich ins Gesicht bekam. Es mußte aber doch wohl – so dachte ich damals – etwas Gutes gewesen sein, wenn es so lustig machte.

Für den Winter hatten die Großeltern einen großen Vorrat an grünen Bohnen, Erbsen und Karotten in Konservendosen und in Gläsern. In der Speisekammer – so was gab's damals noch in alten Wohnungen – stand ein riesiger Steintopf mit Sauerkraut, daneben einer mit eingelegten Gurken. Und an Feiertagen oder auch manchmal am Wochenende gab's ein Brathühnchen oder einen Kaninchenbraten aus dem eigenen Stall. All das schmeckte unvergleichlich gut.

Nicht, daß ich kritiklos von der so vielzitierten »guten alten Zeit« schwärmen will – nein, *so* gut war

sie ja wirklich nicht. Meine Eltern und die Großeltern mußten damals mehr und schwerer für ihr Geld arbeiten, als wir es heute müssen. Und dann war's auch noch weniger, so daß man mit jedem Pfennig rechnen mußte.
Aber die Hühner im Stall wurden mit einer Mischung aus Futterhafer und geschrotetem Mais gefüttert, nicht mit Fischmehl. Die Eier schmeckten einfach anders als heutzutage die aus der Legebatterie. Die Kaninchen bekamen Grünabfälle aus der Küche oder dem Garten, gekochte Kartoffelschalen und Löwenzahnblätter. Sie wurden groß und fett dabei. An Großmutters Sauerkraut kamen Salz und Kümmel, an die eingelegten Gurken Dill und keine zusätzliche künstliche Milchsäure. Für die Marmeladen und Gelees gab man zum Obst Zukker – sonst nichts.
Und das Gemüse im Garten wuchs auf Kompost, denn Kunstdünger war für Großvater wie ein Fremdwort – und viel zu teuer. So wuchsen die Pflanzen gesund und natürlich auf, ohne durch Stickstoffdünger zum übergroßen Wachstum »getrieben« zu werden. Doch – man schmeckte den Unterschied deutlich. Wer von Ihnen, liebe Leser, einen Garten hat und eine Tiefkühltruhe, in der Obst und Gemüse frisch und knackig und ohne Verlust an Geschmack und Nährstoffen eingefroren werden können, wird mir das gern bestätigen. Hätte man den alten Leutchen damals was vom »alternativen« Leben erzählt, sie hätten nur verlegen mit den Schultern gezuckt. Abgesehen davon, daß sie mit diesem Wort nichts hätten anfangen können, weil sie es nicht kannten, sie hätten als Antwort darauf wohl nur zu sagen gewußt: Das ist doch normal und natürlich, so wie wir's machen. Sie waren, so wie sie lebten, trotz der manchmal schweren wirtschaftlichen Zeiten zufrieden. Und ich war es mit ihnen.
Jahre später – die Zeiten waren noch viel härter und schwerer geworden, als wir je zu denken gewagt hätten – war der Kleingarten Opfer eines Bombenteppichs geworden und die Krater mit Trümmerschutt aufgefüllt. Mit wieviel Schauder erinnere ich mich an die zwei ersten Nachkriegsjahre, als es in den Geschäften sogenanntes »Leberwurstgewürz« gab. Mit ganz wenig Fett – auf Lebensmittelmarken, versteht sich – und Roggenmehl, auf Brotmarken gekauft, rührte man in der Pfanne eine Mehlschwitze an, löschte sie mit Wasser ab und fügte dem dicken Brei das Gewürz zu. Etwas Pfeffer, Majoran und Thymian waren wohl darin, und das Ergebnis war ein Brotaufstrich, der ganz vage so schmeckte, wie man Leberwurst in ferner Erinnerung hatte. Himmel – was hat man damals nicht alles gegessen, nur um den Hunger zu stillen.
Als dann nach der Währungsreform die Lebensmittelkarten und mit ihnen die Rationierung wegfielen, stürzten sich die Menschen auf alles, was sie so lange entbehren mußten und das es nun – plötzlich und wie durch ein Wunder über Nacht – reichlich wieder gab. Für mich war damals eine ganz be-

stimmte Leberwurst die Erfüllung meiner Träume, so wie sie unser Metzger an der Ecke herstellte. Wenn meine Mutter diese Wurst für mich einkaufte, achtete sie immer darauf, für mich ein Endstück zu bekommen. Neben einem Fettrand hatte sich am Ende dieser Wurst, dem Wurstzipfel, wie wir ihn nannten, auch Fett abgesetzt. Dafür hatte ich eine ganz besondere Vorliebe. Mit dem Messer vorsichtig aus der Hülle gelöst und aufs Brot gestrichen, schmeckte es mit ein wenig Salz bestreut unvergleichlich gut.

Heute finde ich diese Wurst nirgends mehr. Woran liegt das eigentlich? Wahrscheinlich ist eine ganze inzwischen herangewachsene Generation von kalorienbewußten Essern nicht unschuldig daran. Wurst mit Fettrand? Nein, danke! Schon beim Gedanken daran wendet sich beim Einkauf die Hausfrau mit Grausen ab. Sie greift lieber zur »Diätwurst«, der mit herabgesetztem Fettanteil. Dabei ist aber der Fettgehalt der Wurst für den Geschmack und die Konsistenz ungeheuer wichtig. Fett schließt die Aromastoffe der Gewürze auf, ist Träger für die im Fleisch enthaltenen Vitamine und macht die Wurst streichfähig und saftig. Fettarme Wurst ist dagegen von sich aus trokken und bröckelig.

Anstatt der Wurst ihren natürlichen Fettanteil zu belassen, werden heute künstliche, sogenannte Emulgatoren mit den für den Laien so furchterregenden und unverständlichen Bezeichnungen wie »Mono- und Diglyceride von Speisefettsäuren« verwendet.

Vorbei ist die Zeit, als wir in den Nachkriegsjahren aus Eisbein, Schweinefüßen und Pökelrippchen – alles sehr preiswert – unsere echte Hausmachersülze mit Fettrand in Mutters Küche selbst herstellten. Vorbei auch der Gang zum Metzger, wo es einmal in der Woche, wenn der Meister Wurst machte, aus dem Kochkessel für ein paar Pfennig eine große Kanne oder gar einen Wassereimer voll würziger, fetter Wurstbrühe gab, aus der man so herrliche Eintöpfe kochen konnte.

Wo gibt's denn heute noch die gute alte Wurstküche? Sicher noch in kleineren Städten und auf dem Lande. In den großen Städten aber macht es dem Metzgermeister nichts aus, daß in seiner Wursttheke Fertigfabrikate liegen, wie man es unübersehbar am Werbeaufdruck der Wurstfabrik auf der Wursthülle lesen kann. Zum Teil machen die Hersteller mit großen Plakaten im Geschäft Reklame für ihre Produkte, die der Meister über seinen Ladentisch verkauft.

Wenn ich einmal hungrig vor einem Würstchenstand stehe und lese, daß die Bockwurst »mit Phosphat« hergestellt ist, vergeht mir der Appetit. Zugegeben – das Lebensmittelrecht läßt das zu. Aber es drängt sich unwillkürlich die Überlegung auf, daß Phosphat doch ein Mineral ist. Auch Waschmittel werden mit Phosphaten hergestellt, die dann auf dem Umweg über die Abwässer Bäche, Flüsse und Seen verderben. Was hat ein solches Mineral im Essen zu suchen, und wie konnten eigentlich die Metzger noch vor einigen Jahren ohne auskommen und trotzdem Wurst machen? Gute Wurst sogar!

Wohl dem, der in kleinen Städten oder Dörfern auf dem Lande wohnt. Dort gibt es sie noch, die gute »Hausgemachte« aus Metzgermeisters eigener Wurstküche. Man mag wirklich noch Meister finden, die mit Gefühl und Gewürzen nach altem, geheimgehaltenem Familienrezept ihrer Wurst einen unverwechselbaren Stempel aufdrücken, ihr vielleicht mit einem Schuß Gewürzrum, einem Gläschen Weinbrand oder einem Schlückchen Kirschwasser den letzten Pfiff geben. Kommen Sie einmal nach Nordhessen, so müssen Sie dort unbedingt die »ahle Wurscht« probieren. Sie wird noch heute in besonderen Kammern mit Lehmwänden luftgetrocknet und bekommt dadurch einen einmaligen Geschmack. Daß ich diese Spezialität nur dort und nirgendwo anders gefunden habe, mag daran liegen, daß es nicht mehr so viele Lehmkammern gibt und die Hessen also gar nicht mehr so viel Wurst machen können. Sie essen sie auch lieber selber oder bieten sie ihren Gästen an.

Es muß nicht das vielzitierte »alternative Leben« sein, das viele Menschen dazu bringt, ihr Brot wieder selbst zu backen, Käse selbst zuzubereiten oder Marmelade wieder selbst einzukochen. Es ist einfach der Spaß am Selbermachen und die Freude am Gelingen. Wie gut schmeckt ein selbstgebackenes, knusprig braunes, frisches Brot, von dem man weiß, daß darin keine chemischen Lockerungssubstanzen und Konservierungsmittel enthalten sind.

Die völlige Abkehr von unserem heutigen Leben ist meiner Meinung nach keine Alternative, aber auch Fortschritt um jeden Preis nicht auf jeden Fall zu verteufeln. Vor allen Dingen dort nicht, wo er uns sinnvoll hilft und nützt. Die Vorstellung, wir alle könnten bei Kerzenlicht und Hirsebrei in unserer Kate sitzen und die selbstgeschorene Wolle unserer Milchschafe spinnen, dürfte wohl sehr extrem und ein recht blauäugiger Wunschtraum sein. So geht es nun doch nicht. Auch junge »grüne« und »alternative« Leute fahren ihre Autos und wohnen in geheizten Wohnungen, und sie helfen – ohne sich darüber im klaren zu sein –, den vielzitierten sauren Regen noch ein wenig saurer zu machen. Wir alle sind als einzelne wohl kaum in der Lage, die Verschmutzung der Luft und des Wassers von heute auf morgen radikal zu ändern. Dagegen aber können wir sehr gut das Sinnvolle und »Machbare« versuchen, um ein bißchen abzukommen vom Konsum von Standardartikeln und unsere Nahrung weniger mit Chemie, künstlichen Aromastoffen und Konservierungsmitteln zu belasten. So lohnt es sich sicher, darüber nachzudenken, daß die einfachen, natürlichen Dinge im Leben oft die besten sind und daß es – so wie es unsere Vorfahren mit Erfolg gezeigt haben – auch ohne viel Chemie und Fremdstoffe im Essen geht. Also, versuchen Sie es, »wursteln« Sie ruhig einmal mit.

Es geht um die Wurst

Hand aufs Herz – wie oft haben Sie schon den Ausspruch benutzt »Es geht um die Wurst«, wenn eine besonders schwierige Aufgabe mit außergewöhnlich viel Fleiß oder Anstrengung zu bewältigen war? Oder denken Sie an die Redensart »Wurst wider Wurst«, was so viel bedeuten soll, wie etwas mit Gleichem heimzuzahlen, was einem selbst angetan wurde. Vielleicht kennen Sie auch das Sprichwort »Mit der Wurst nach der Speckseite werfen«?

Zweifellos ist die Wurst hier positiv bewertet – als Lohn für Mühe und Fleiß, als Maßstab für Wiedergutmachung begangenen Unrechts oder als Wertung, wenn jemand bereits Erreichtes ohne Grund durch Gleichwertiges ersetzen will.

»Alles hat einmal ein Ende, nur die Wurst nicht – die hat zwei« – heißt es scherzhaft. Stimmt nicht? Auch die Gurke hat zwei Enden, ohne daß sie zu so tiefschürfender Lebensweisheit herangezogen wird. Neben den zwei Enden hat die Wurst – zumindest in Sprichwort und Redensarten – auch zwei Seiten.

Wenn jemand sagt: »Mir ist alles Wurst«, so drückt das Resignation und Gleichgültigkeit aus, »Wurstigkeit« bedeutet Nachlässigkeit, »herumwursteln« plan- und zielloses Handeln, und ein »kleines« oder »armes Würstchen« nennt man einen glück- und erfolglosen Menschen. Nur selten, und dann unter Benutzung von viel Phantasie und Mutmaßungen, läßt sich heute noch schlüssig beweisen, wie und warum die Wurst in so unterschiedlicher Weise ihren Platz in unseren Sprichwörtern und Redensarten eingenommen hat. Sicher weiß man es eigentlich nur beim »Hanswurst«, dem Narren, Spaßmacher und Toren. In einem Rezeptbuch, das vom Deutschen Fleischerverband wohlwollend gefördert wurde, las ich als Erklärung für die Herkunft dieses Namens, die Deutschen hätten im 16. Jahrhundert wegen ihrer besonderen Fertigkeit in der Wurstherstellung diesen Scherznamen bekommen. Gut und geschickt kombiniert, aber leider nicht ganz wahr. Der Hansworst kommt in der niederdeutschen Übersetzung von Sebastian Brants »Narrenschiff« als ein possentreibender, gutmütig ausgelassener Mensch vor – nicht als Metzger. Na – Schwamm drüber – Klappern gehört zum Handwerk, auch zu dem der Fleischer, um Aufmerksamkeit zu erregen.

So ist also bei uns – in dieser Form zumindest auch für eingeschworene Vegetarier unbedenklich – Wurst in aller Munde. Und das bestimmt nicht ohne Grund. Die Qualität und Sortenvielfalt deutscher Wurst ist international beliebt und anerkannt, obwohl die vom Fleischerhandwerk angegebene Zahl von ca. 1 500 verschiedenen Arten recht optimistisch »geschönt« ist. Denn genau genommen gibt es nur drei große Arten von Wurst: *die Koch-, Brüh- und Rohwürste.*

Kochwürste sind im allgemeinen aus vorgekochtem oder gebrühtem Fleisch hergestellt, zu ihnen gehören Blut- und Leberwürste, Sülzwürste und die der Sülzwurst verwandten Sorten, wie Preßsack und Schwartenmagen. Insgesamt 365 Kochwurstsorten soll es geben. Nun rechnen Sie mal schnell nach: Sie könnten bei der Zahl von ebenfalls 365 Tagen im Jahr täglich eine andere Kochwurstsorte essen – theoretisch. Daß es in der Praxis anders aussieht, hat seinen Grund darin, daß ein und dieselbe Wurst in verschiedenen Gegenden unter anderem Namen verkauft wird. So unterscheiden sich zum Beispiel die einmal als einfache Kräuterleberwurst verkaufte und die Pfälzer Leberwurst nur durch ihren unterschiedlichen Namen. Beide Sorten enthalten neben Majoran und Thymian angebratene Zwiebeln und im übrigen die für Leberwurst üblichen Gewürze und Zutaten. Das ist so, als ob von Zwillingsschwestern eine den Herrn Schmidt und die andere Herrn Schulz heiratet: Sie bleiben, obwohl sie andere Namen tragen, trotzdem Zwillinge. So entsteht natürlich recht schnell die stattliche Anzahl von angegebenen 1500 verschiedenen Wurstsorten.
Übrigens, für all diejenigen unter Ihnen, die genau gerechnet haben und mir zu bedenken geben, daß die Zahl der Tage alle vier Jahre 366 beträgt, nämlich im Schaltjahr, für die habe ich ein 366. Rezept parat. Ich fand es bisher in keinem einschlägigen Rezeptbuch, sondern bekam es von Bekannten im Sauerland als »Familienrezept« verraten: Die delikate Sauerländer Rinderwurst wird dort fast nur hausgemacht. Nur wenige Metzger stellen sie noch nach dem alten Rezept her.

Mit 780 verschiedenen Sorten wird die Familie der *Brühwürste* als größte genannt. Zu ihr gehören als wohl die bekanntesten Fleisch- und Jagdwurst, Lyoner und Mortadella, Bierwurst und alle Arten von Würstchen, wie Wiener und Frankfurter. Auch hier ist wohl die Sortenzahl – wie bei den Kochwürsten – recht hoch angegeben. So findet sich zum Beispiel in einem kurz nach der Währungsreform herausgegebenen Rezeptbuch für Metzgermeister ein Brühwurstrezept mit doppelter Überschrift. Die absolut gleiche, nach demselben Rezept hergestellte Wurst heißt einmal Schinkenwurst und einmal Berliner Bierschinken. Die drei folgenden Rezepte für weiße Zungenwurst, feine Mortadella und italienische Mortadella werden aus derselben Grundmasse – Farce genannt – hergestellt. Einmal werden gekochte Zungenwürfel beigemischt, einmal Pistazien und kleingeschnittene Speck- und Zungenwürfel, und bei der italienischen Mortadella wird nur eine andere Füllart angegeben. Also allein fünf verschiedene Sorten, die durch geringe Änderungen der Zutaten aus der gleichen Grundmasse entstehen. Nach dem erwähnten Rezeptbuch bestehen Wiener und Frankfurter Würstchen

ebenfalls aus gleichen Fleischanteilen mit derselben Grundwürzung. Bei den Frankfurtern kommen lediglich zusätzlich ½ Gramm Ingwer und ¾ Gramm Kardamom pro Pfund Wurstmasse hinzu.
Sei es, wie es sei, mag die angegebene Sortenzahl stimmen oder nicht, eines ist allen Brühwurstarten eigen: Damit sie, wie es üblich ist, schnittfest und saftig geraten, werden darin enthaltenes Fleisch und Fett mit einer bestimmten und vorgeschriebenen Menge von sogenanntem Fremdwasser vermischt. Das kann klares Leitungswasser sein, aber auch eisgekühlte Fleischbrühe oder Eis. Als Fremdwasser bezeichnet man diesen Feuchtigkeitsanteil in der Wurst deswegen, weil er über den ohnehin im Fleisch enthaltenen eigenen Wasseranteil hinaus nötig ist, um der Wurst ihre saftige Eigenschaft zu verleihen. Durch eine spezielle Verarbeitungsweise bindet das Wasser auch Fleischeiweiß und Fett zu einer Emulsion. Das macht – vereinfacht gesagt – die Wurst schnittfest. Das ganze Verfahren hört sich zwar kompliziert an, aber mit ein wenig Bemühung läßt sich auch Brühwurst in der eigenen Küche herstellen.

Rohwürste sind das, was der Käufer unter Hart- oder Dauerwurst versteht. Zu ihnen gehören zum Beispiel die verschiedenen Mettwürste, Cervelatwurst und Salami. Haltbar gemacht werden Rohwürste, obwohl sie – wie der Name ja sagt – aus rohem Fleisch hergestellt werden, durch Räuchern und langsames Trocknen, durch das über Wochen ein hoher Wasseranteil entzogen wird. Eine sehr große Rolle spielt das Salz. Es würzt nicht nur, sondern konserviert gleichzeitig. Denken Sie einmal an Sauerkraut, Salzgurken und -bohnen. Diese Gemüse werden zum Haltbarmachen mit Salz eingelegt. Oder ein anderes Beispiel: Früher führten Segelschiffe in Salz eingelegtes Fleisch in Fässern mit. Kühlanlagen gab es ja damals noch nicht, und so verarbeitete der Schiffskoch – sehr zum Mißvergnügen der Matrosen – das gesalzene Fleisch aus dem Faß.
Aus dem Holzfaß verkaufte auch der Lebensmittelhändler noch zu meiner Kinderzeit Salzheringe. Wenn Sie überlegen, wie schnell sich gerade unkonservierter Fisch zersetzt und verdirbt, aber wie lange sich Salzheringe halten, haben Sie eines der wohl überzeugendsten Beispiele, daß auch Frischfleisch durch Salz vor dem Verderben zu schützen ist.
Rohwürste bestehen aus trockenem, frischem Fleisch und Gewürzen. Dabei kann eine solche Wurst entweder, wie bei manchen Mettwürsten, rein aus Schweinefleisch hergestellt werden oder aber aus purem Rindfleisch. Andere Sorten bekommen ihren typischen Geschmack durch eine abgewogene Mischung aus Rind- und Schweinefleisch. Bei allen Arten aber gehört ein gewisser Fettanteil dazu, meist fester Speck. Fett schließt die Aromastoffe der verwendeten Gewürze auf und bringt sie zur Entfaltung, es ist zudem auch Vitaminträger. In der Hauptsache aber sorgt es dafür,

daß die Wurst nicht trocken und bröckelig wird. Im allgemeinen nimmt man Rind- und Schweinefleisch und kernigen Speck zu je einem Drittel. Je mehr – abweichend von diesem Verhältnis – Rindfleisch verwendet wird, um so fester wird die Wurst. Ist der Schweinefleischanteil höher, wird sie saftiger.
Wo früher Rohwürste durch wochenlanges Lufttrocknen entstanden, wird heute bereits in 24 bis 48 Stunden in Klimaanlagen und Reifekammern fertige Wurst erzeugt. Das bringt natürlich mit sich, daß zum Beispiel Holsteiner Katenwurst, die früher eben nur dort mit unverwechselbarem Aroma hergestellt wurde, heute industriell überall zu fertigen ist. Rechnen Sie dazu, daß – damit die Katenwurst auch wirklich überall wie Katenwurst schmeckt – große Gewürzmühlen fertige Standardgewürzmischungen verkaufen, dann ist es auch wirklich ein »Standarderzeugnis« ohne eigenen handwerklichen Charakter. Sicher entspricht das dem ohne Frage hohen Qualitätsbewußtsein der deutschen Metzger, überall gleich hochwertige Spitzenware anbieten zu können, aber ein bißchen schade ist's doch, daß dadurch die gute »hausgemachte« Wurst nach dem alten Familienrezept fast verschwunden ist. Hin und wieder findet man sie noch auf dem Lande, aber was machen wir armen Städter? Selbermachen, denn auch Rohwurst ist mit einfachen Mitteln in der eigenen Küche selbst herzustellen.

Ein bißchen »Wurstologie«

Eigentlich hat die Wurst ein überaus ehrwürdiges Alter, wenn auch nicht in der Form, in der sie uns heute bekannt ist. So ist bei den alten Griechen, die ja bekanntlich für vieles herhalten müssen, schon ungefähr 700 v. Chr., bei Homer, aber auch etwa 300 Jahre später, also im 4. Jahrhundert v. Chr., bei Aristophanes und Pherekrates von Würsten die Rede. Sie sind als »mit Fett und Blut gefüllte Ziegenmägen, über glühenden Kohlen gebraten« beschrieben. Wie es scheint, handelte es sich dabei um die Vorläufer unserer heutigen Blutwurst. Auch die Römer wußten zu ihrer Zeit Würste herzustellen und zu schätzen. So galt eine Hirnwurst als besonders beliebt und delikat, sie wurde aus Hirn und Eiern hergestellt und mit Pinienkernen verfeinert. Die im alten Rom benutzte Bezeichnung »farcimina« für die Wurst findet sich noch heute in abgewandelter Form als »Farce« für Wurst- und Pastetenfüllungen in unserem Sprachgebrauch.

Die ersten uns im 11. und 12. Jahrhundert überlieferten Wurstnamen sind die der Leberwurst und einer »Pratwurst«. Die hat aber nur ganz entfernt mit unserer heutigen Bratwurst zu tun. Der Name stammt vielmehr von einem gemeinsamen Stammwort, »Brat« oder »Brät«, bzw. »Bret« oder »Pret«, das einfach Fleisch bedeutet. Noch heute sind daraus die Bezeichnungen »Wildpret« oder »Bret« abgeleitet. Auch das Wort »Brät« für die Bratwurstfülle hat seinen Ursprung im gleichen Wortstamm.

So ist wohl unter »Pratwurst« zu verstehen, daß in ihr im Gegensatz zur Leberwurst nur Fleisch verarbeitet wurde und keine Innereien oder Blut, denn im 14. und 15. Jahrhundert waren Blut-, Leber- und Hirnwürste die bekanntesten. Da aber bis zum Ende des 16. Jahrhunderts Würste überwiegend frisch zubereitet, gesotten oder gebraten warm gegessen wurden, mag es schließlich doch eine »Bratwurst« gewesen sein.

Erinnern wir uns doch mal, wie im Mittelalter »bei den Rittersleut'« getafelt wurde: Da kamen riesige Braten auf den Tisch, nur die besten Stücke, versteht sich. So mögen die Innereien, wie Leber, Milz oder Hirn, und das Blut der Schlachttiere mehr für das »Fußvolk« übriggeblieben sein, ebenso wie zum Braten nicht geeignete Stücke und Fleischabschnitte. Zerkleinert, gewürzt, in Därme gefüllt und gebraten, hatten die ärmeren Leute auch ihr Fleisch und »Gebratenes« auf dem Tisch. Eventuell stammt auch hier das Sprichwort vom »armen Würstchen« her. Es ist vielleicht daher zu erklären, daß es das Metzgerhandwerk bald zur hohen Meisterschaft brachte, Würste herzustellen. Sei es, wie es sei, das ehrbare Metzgerhandwerk verstand sich aufs Wurstmachen recht gut und kannte neben Pfeffer und Salz auch die

Mit einer solchen Wurstfüllspritze wurde früher die Wurstmasse in die Naturdärme abgefüllt.

Mit diesem Wiegemesser zerkleinerten früher die Metzgermeister und ihre Gesellen zu zweit und vierhändig das Fleisch zu feinem Brät.

Verwendung von Kräutern, wie Majoran, Thymian und Rosmarin, und von Gewürzen wie Kardamom, Zimt, Nelken, Muskat und Zitronenschale, wie es in alten Bratwurstrezepten aus dem Mittelalter zu finden ist.

Ärmlich war die Wurst wohl nicht, wenn zum Beispiel im Jahre 1538 zum Neujahrstag in Königsberg 3 Meister und 87 Gesellen je 18 Stunden an einer Riesenwurst von 1 005 Ellen Länge gearbeitet haben. 81 Schweineschinken, die Därme von 45 Schweinen, 1½ Tonnen Salz, 18¼ Pfund Pfeffer und 1 500 Liter Bier sollen in diesem Prachtstück verarbeitet worden sein. Diese Riesenwurst wurde von 103 Fleischerknechten in einer Prozession durch die Stadt zum kurfürstlichen Schloß getragen, wo dem hohen Herrn 130 Ellen davon geschenkt wurden. Wenn das die damals übliche Werbung des Metzgerhandwerks gewesen sein soll, dann war sie ganz schön aufwendig, wahrscheinlich aber auch recht wirkungsvoll.

Bereits im Mittelalter gab es auch schon Fleischbeschauen und Wurstkontrollen in den Schlachthäusern und bei den Metzgern, und der »ehrbare Rat der Stadt Nürnberg« erließ eine Satzung und Ordnung, in der den Metzgern auf Heller und Pfennig vorgeschrieben wurde, welches Fleisch zu welchem Preis verkauft werden durfte. Dabei wurden die einzelnen Teile von Rindern und Schweinen, aber auch Kalbs- und Schafsköpfe, Lungen und Mägen, Kalbgekröse und Lammfüße präzise benannt und die dafür zulässigen Preise angegeben. So durfte zum Beispiel ein Hammel- oder Schafskopf »nicht über 5 Pfennig gegeben werden«. Sogar die Geldstrafen bei Verstößen waren in diesem Dokument enthalten.

Gemessen an dieser Preis- und Qualitätsordnung, ist unser heutiges Lebensmittelrecht – ohne Frage eines der besten und perfektesten – selbst für manchen Fachmann ein Buch mit sieben Siegeln. Oder wüßten Sie vielleicht mit dem Begriff »Gluconsäure-delta-Lacton« etwas anzufangen? Nicht? Nun, ich will es Ihnen verraten: Es ist eines der nach der Fleischverordnung vom 4.7.1978 zugelassenen, sogenannten »Umrötehilfsmittel«, die Roh- und Brühwürsten die schöne rosa Farbe erhalten. Dazu kommt eine lange Reihe von weiteren Zusätzen mit für den Laien ähnlich abenteuerlichen Namen als Emulgatoren oder Cutterhilfsmittel, zum Schutz von Fetten vor Oxidation, für das Weichhalten von Gelatineüberzügen und gegen das Gerinnen von Rinder- und Schweineblut.

Beim Lesen all der Namen zugelassener chemischer Zusätze mag wohl manchem das wohlgemeinte »Guten Appetit« im Halse steckenbleiben. Es ist wohl nicht grundlos, sich zu fragen, ob bei immer mehr zunehmender Belastung unserer Umwelt durch Chemikalien und Schadstoffe wirklich so viel Chemie in unserem Essen »aus deutschen Landen« enthalten sein muß. Ganz bestimmt ist noch zu meiner Kinderzeit an all diese Zusatz- und Hilfsmittel nicht zu denken gewesen, und so lange ist das nun auch wieder nicht her. Wie, so überlege ich mir, hat man damals Wurst gemacht? Geschmeckt hat sie nämlich sehr gut. Oder wie und womit hat man die gute Wurst im vergangenen Jahrhundert gemacht, auf die unsere Metzger als Beweis der handwerklichen Kunstfertigkeit in ihrer Berufsgeschichte so stolz sind? Offensichtlich ging und geht es auch anders.

Wenn das rauskommt ...

Kurz nach der Währungsreform kursierte in Berlin der Spruch: *Wenn das rauskommt, was da reinkommt* (in die Wurst), *dann geht der so lange rein* (der Metzger), *daß er nie wieder rauskommt* (aus dem Gefängnis). Mag wirklich sein, daß damals von einigen »Sünde wider das Fleisch« begangen wurde; auch heute findet sich wohl hier und da noch ein schwarzes Schaf. Im Grunde aber sind Metzger höchst ehrenwerte Handwerker – das möchte ich ausdrücklich betonen –, die stolz auf ihren Beruf und seine Tradition sein können. Es würde ja auch niemandem einfallen, allen Winzern zu mißtrauen, nur weil einer unter ihnen mal seinen Wein unerlaubterweise »geschönt« hat und dabei erwischt wurde. Und ab und zu fällt bei einschlägigen Kontrollen auch mal eine Lebensmittelfabrik auf, weil der Inhalt der Pakkungen nicht ganz dem aufgedruckten Gewicht entspricht. Im Herbst 1982 ging ein Riesenskandal durch den Blätterwald der deutschen Tagespresse: Fleischimporteure hatten Pferde-, Esel- und sogar Känguruhfleisch als Rindfleisch deklariert und verkauft. Zum Teil ging dieses Fleisch auch in die Wurstfabrikation. Als einer der ahnungslosen Käufer wurde – Ironie der Geschichte – auch die Bundeshauskantine in Bonn genannt.

Kurze Zeit danach, im November des gleichen Jahres, war die Koblenzer Staatsanwaltschaft Produzenten von Tiefkühlprodukten auf der Spur. Es war die Rede von einem umfangreichen Etikettenschwindel. Die Untersuchung von Produkten verschiedener Hersteller ergab in acht von zehn Fällen eine falsche Etikettierung. So sei zum Beispiel »Kabeljaufilet« in Wirklichkeit Seehecht gewesen.

Auch Gemüse, Wild und Fleisch wurden wissentlich unter falscher Bezeichnung vermarktet. Sicher trifft die Schuldigen die ganze Härte des Gesetzes, dafür ist es schließlich da. Aber alle Gesetze wurden ja schließlich einmal deswegen erlassen, weil sie sich als notwendig erwiesen. Weil es immer Leute gab, die die Grenzen des Erlaubten bedauerlicherweise überschritten.

Das Auge des Gesetzes

Wir können recht zufrieden sein, unser deutsches Lebensmittelgesetz ist eines der strengsten, und es schützt uns weitgehend davor, daß wir übervorteilt werden oder uns sonst Schaden entsteht. So ist auch genau geregelt, was in unsere Wurst hinein darf, welche Fleischart, welche Menge und welche Qualität. Es ist vorgeschrieben, wieviel Fett verarbeitet werden darf und wieviel Wasser oder Brühe. Das Gesetz schreibt genaue Qualitätsstufen und -bezeichnungen vor, damit kein Käufer getäuscht oder übervorteilt wird. Es regelt aber nicht nur und schreibt vor, sondern es läßt auch zu. Und hier wird es für viele Käufer dann doch bedenklich, das werden wir noch feststellen.

Fleischqualität

Zur Wurstherstellung kommt bei uns eigentlich nur Rind- und Schweinefleisch zur Verarbeitung. Geflügelfleisch taucht in ganz geringen Mengen zum Beispiel in Putensülze oder in Pasteten oder in speziellen Geflügelwürsten auf. Wildfleisch wird nur in Pasteten verarbeitet, Hammelfleisch wird wegen seines Geschmackes gar nicht verwendet.

Das Rind- und Schweinefleisch ist in Qualitätsstufen von II bis V eingeteilt, wobei II sehnen- und fettgewebsarmes, also fast schieres, mageres Fleisch ist. Zulässig sind in den verschiedenen Qualitätsstufen Schweinefleischzuschnitte, Wammen (das ist Schweinebauch mit wenig Magerfleisch), Rinderkopffleisch und Rinderherzen, Schwarten und Schweinekopffleisch. Die mit V bezeichnete Qualität ist sogenanntes »grob entsehntes« Rindfleisch oder »fettgewebsreiches« Schweinefleisch. Grob entsehnt bedeutet aber, daß im Fleisch immer noch Sehnenanteile vorhanden sind, die dann in die Wurst gelangen. Die Hackfleischverordnung verbietet zwar unter anderem ausdrücklich die Verwendung von Zwerchfellmuskulatur, Bauchmuskulatur und Knochenputz. In anderen Wurstarten aber ist die Verwendung zulässig. In Leberwurstrezepten einer großen Gewürzfirma fand ich die Verwendung von Mickerfett (das ist Schweinedarmfett), Schweinekopfmasken und Flomen angegeben. Das klingt zwar nicht sehr appetitlich, aber es ist zulässig.

Wollen wir einmal ganz nüchtern überlegen: Der Metzger kauft und verkauft nach einer sogenannten »Mischkalkulation«. Das heißt, er kauft zum Beispiel ein ganzes Schwein. Vom Kunden gefragt sind aber nur die »Prachtstücke«: Filet, Schnitzel, Schinkenbraten, Kotelett und Eisbein. Alle anderen Teile, wie Schulter, Hals oder Schweinebauch, sind schon weniger beliebt. Da der Metzger aber für das *ganze* Schwein bezahlen mußte, was tut er mit dem Rest? Müßte er nämlich den Preis des Schweines nur durch den Erlös für die gefragten »edlen« Stücke teilen und den Rest wegwerfen, könnten sich viele von uns bei den heutigen Preisen kaum noch ein Schnitzel leisten. Es wäre zu teuer. Erst dadurch, daß der Metzger weniger gefragte Stücke oder solche, die sich zum Kochen oder Braten nicht eignen, zu Wurst verarbeiten und auch verkaufen kann, wird durch den Erlös von Fleisch und Wurst das Schwein insgesamt preiswerter.

Genau betrachtet, ist auch der so ungewohnt klingende Name »Knochenputz« gar nichts Schlimmes. Unser so beliebtes Schnitzel ist besonders delikat, wenn es als sogenanntes »Schinkensteak« in schönen, gleichmäßigen Scheiben aus der Hinterkeule des Schweines geschnitten wird. Nur, so eine Keule ist ein eigenartig Ding. Sie hat mittendurch einen Knochen! Und irgendwann in der Nähe dieses Knochens muß der Metzger mit dem Schneiden aufhören, weil es dann

keine ausreichend großen Steaks mehr gibt. Aber trotzdem ist bis zum Knochen noch eine ziemliche Menge gutes, mageres Fleisch drangeblieben. Was spricht dagegen, es vom Knochen abzulösen und in der Wurst zu verarbeiten?
Näher besehen, ist auch Schweinekopfmaske nichts Absonderliches. Das Backenfleisch ist nämlich relativ mager, das übrige, fettere Kopffleisch ist eben die »Maske«.
Früher verarbeiteten Hausfrauen sogar gerne Schweineschnauze und -ohren mit in der Sülze, weil der Knorpel darin ein vorzügliches natürliches Geliermittel war. Und die hausgemachte Erbsensuppe wurde durch ein kräftiges Stück Backenfleisch besonders gut.
Selbst das »Mickerfett« ist nicht so, wie sein Name klingt. Die Schweinedärme werden nach der Schlachtung gründlich gereinigt und als Wursthüllen verwendet. Das ihnen außen anhaftende Fettgewebe ist, wenn es verarbeitet wird, einwandfreies, geschmacksneutrales Fett.
Kurz, das Gesetz schreibt vor und sorgt dafür, daß in die Wurst nur Fleisch hineinkommt, das für den menschlichen Verzehr geeignet und zugelassen ist.

Das Schnitzel durch die rosa Brille

Wie gut das Fleisch allerdings sein muß, steht nicht darin. So bedeutet PSE beim Schweinefleisch in der Übersetzung dieser englischen Abkürzung blaß, weich, wasserlässig. Es handelt sich dabei um Fleisch von in Großbetrieben praktisch am Fließband gemästeten Schweinen. Diese unter völlig unnatürlichen Bedingungen aufgezogenen, nur auf schnelle, hohe Gewichtszunahme gehaltenen Tiere sind so überempfindlich und anfällig, daß viele von ihnen bereits beim Verladen oder während des Transports tot umfallen. Sie sterben an Streßerscheinungen, wie sie uns eigentlich nur vom Menschen bekannt sind – am Herzinfarkt. Um diese Anfälligkeit zu bekämpfen, müssen gezielt Tierarzneimittel eingesetzt werden. Ein Ergebnis des Profitdenkens, das im Zusammenhang mit menschlicher Ernährung von Großbetrieben, Massenhaltung, Rentabilität und Rendite und nicht zuletzt von »Nahrungsmittelproduktion« spricht. Als ob es sich hier um industrielle Fließbandware handeln würde, nicht um Lebensmittel.
Fleisch von solchen Tieren wird beim Braten zäh und trocken, hat einen säuerlichen Geschmack und viel weniger typisches Fleischaroma. Und daran ist eine ganze Generation von Hausfrauen mit schuldig. Alle wollten plötzlich das blaßrosa Schnitzel oder Kotelett. Die Farbe wurde als ein Zeichen für zartes Fleisch angesehen. Dunkleres, in der Farbe kräftig rotes Fleisch war dagegen »derb« oder »gewöhnlich«. Der Traum vom saftigen Schnitzel war spätestens dann verflogen, wenn beim Braten das Wasser aus dem Fleisch verdunstet war und in der Pfanne eine zähe, trockene Schuhsohle übrigblieb.

Die »Pille« im Stall

Und wie war das mit dem »weißen« und deshalb angeblich so ungeheuer zarten Kalbfleisch? Erst als

1981 die Zeitungen bundesweit aufdeckten, daß dieses Fleisch unter Verwendung von Hormonen erzeugt wurde, deren gesundheitsschädigende Wirkung noch gar nicht abzusehen war, als Hormonrückstände in Babynahrung mit Kalbfleisch festgestellt wurden, gingen den Leuten die Augen auf. Plötzlich rutschten die hohen Kalbfleischpreise buchstäblich in den Keller, Metzger blieben auf ihrer Ware sitzen, und schließlich wurden auch die zuständigen Behörden wach. Es wurden zwar Anstrengungen unternommen, den Mißbrauch von Tierarzneimitteln und Hormonpräparaten zu unterbinden, aber immer noch nicht sind alle schwarzen und grauen Kanäle in die Kanüle der Injektionsspritze im Stall verstopft.
Inzwischen aber war jahrelang Fleisch von Kälbern verkauft worden, die reichlich mit Hormonen gespritzt waren und denen Medikamente verabreicht werden mußten, um »Zivilisationsschäden« bei der Massentierhaltung auf engem Raum in Mastbetrieben zu verhindern. Die Rechnung zahlte, wie immer, der Verbraucher. Und das in mehrfacher Hinsicht. Mit der Belastung der Gesundheit durch Hormonrückstände im »weißen« Kalbfleisch, mit Qualitätsminderung beim zähen, trockenen Schweinefleisch. Und in barer Münze, als vor gar nicht so langer Zeit neben dem »Butterberg« auch der »Schweineberg« mit Steuergeldern eingelagert werden mußte, als die Erzeuger – ebenfalls aus Steuermitteln – Abschlachtprämien erhielten, um ein Überangebot abzubauen.
Weniger wäre ganz sicher mehr gewesen, nämlich nur so viel Fleisch, wie vom Käufer auch verbraucht werden konnte, dafür aber bessere Qualität bei natürlicherer, gesünderer Tierhaltung.

»Darf's etwas weniger sein?«

Die beim Metzger so oft gestellte Frage: »Darf's etwas mehr sein?« hat eigentlich noch nie einen Kunden verärgert. Klar, daß bei einem Stück Wurst oder Suppenfleisch der Meister trotz scharfem Messer und reichlicher Erfahrung nie aufs Gramm genau die gewünschte Menge schneiden kann. Es erwartet wohl auch kaum jemand, daß von der Wurst ein hauchdünnes Scheibchen abgeschnitten wird, um genau 125 Gramm auf der Waage zu haben, und die 30 oder 40 Gramm, die das Stück Fleisch über das gewünschte Pfund wiegt, läßt wohl auch niemand wegschneiden.
Sollte da nicht die ebenso begründete und berechtigte Frage des Kunden: »Darf's etwas weniger sein?« nicht auch auf Verständnis und offene Ohren treffen? Weniger Chemie und künstliche Zusätze in der Wurst zum Beispiel würden die Frische, die ja aus deutschen Landen auf den Tisch kommen soll, auch appetitlicher machen.
Ich will und kann vor allen Dingen die abenteuerlichen Namen all der Zusatzstoffe nicht anführen, die das Lebensmittelgesetz zuläßt. Die Liste würde mehrere Seiten füllen. Aber ein paar will ich Ihnen doch nicht vorenthalten: Da gibt es Natrium- und Kalium-L-ascorbat,

Gluconsäure-delta-Lacton, vier verschiedene Azetate, drei Lactate, jeweils drei Tartrate und Citrate, zwei Phosphate, eine 6-Palmitoyl-Ascorbinsäure, ein synthetisches Gamma-Tokapherol und – damit das griechische Alphabet auch ausgenutzt wird, ein ebenfalls synthetisches Delta-Tokapherol. Da klingt das als Weichhaltemittel für Gelatinen zugelassene Glyzerin vergleichsweise vertraut und anheimelnd.
In einem Kilogramm Kunstdärmen aus Rinderspalthaut dürfen höchstens 0,2 Gramm chemisch nichtgebundenes Formaldehyd enthalten sein. Das Lexikon sagt unter anderem über diesen Stoff: Ein farbloses, stechend riechendes Gas, das meist in 40prozentiger wäßriger Lösung unter dem Namen Formalin als keimtötendes Mittel und unverdünnt als Ätzmittel angewendet wird. Diese Angaben der zugelassenen Zusatzstoffe stammen – mit Ausnahme der Erklärung, was Formaldehyd ist – aus der Fleischverordnung vom 4. 7. 1978.

Zusätze? – Nein, danke!
Vielleicht kann ich Sie dazu anregen, mit mir gemeinsam darüber nachzudenken, wie es eigentlich früher den Metzgern gelungen ist, gute Wurst zu machen. Früher, als es die anscheinend so unentbehrlichen Heinzelmännchen aus der Wunderküche der Lebensmittelchemie noch nicht als fleißige Helfer gab. Waren die Metzger damals so eine Art von Zauberkünstlern, oder ist das »Gewußt wie« ganz einfach auf dem Weg zur »fortschrittlichen« gewerblichen und industriellen Massenproduktion irgendwo auf der Strecke geblieben?
Ich habe bei Bauernfamilien auf dem Lande dankbar beim Wurstmachen zusehen dürfen und mir die Rezepte geben lassen. Mit viel Vergnügen konnte ich in uralten Kochbüchern von Großmutter blättern, die mir Freunde aus Familienbesitz geliehen haben und die Anleitungen zum Wurstmachen daraus etwas modernisierten. Und ich danke auch – Ehre, wem Ehre gebührt – einigen jungen Metzgermeistern, die mir hilfreich sagten: »*So* hat das mein Vater noch gemacht!«
Wenn es Sie nicht stört, daß die Leberwurst statt der angeblich schönen rosa Farbe ihre natürliche graubraune hat, lassen Sie ruhig das Pökelsalz weg, nehmen Sie einfaches Kochsalz. Soll sie schnittfest sein, verarbeiten Sie die Leber roh.
Da wir für unseren eigenen Gebrauch »wursteln«, ist nichts dagegen einzuwenden, ein in der Kochbrühe eingeweichtes trockenes Brötchen der Leberwurstmasse zum Binden zuzusetzen.
Beim Konservieren im Einkochglas bleibt zudem die Feuchtigkeit, die wir in Form von Kochbrühe der Wurstmasse zugesetzt haben, im Glas, um unsere Leberwurst geschmeidig und streichfähig zu machen.
Nitritpökelsalz, das angeblich krebsfördernd sein soll, kann eigentlich in allen Fällen durch Kochsalz ersetzt werden. Die konservierende Wirkung des Salzes ist auf alle Fälle die gleiche. Nur die

Kosmetik fällt weg, auf das schöne Rosa bei den Fleischstücken in der Sülze zum Beispiel müssen wir dann verzichten.
Um bei den luftgetrockneten Würsten aber trotzdem die gewohnte und vertraute appetitliche Rotfärbung zu erzielen, habe ich bei den Rezepten die als unbedenklich geltende Pökelsalzmenge noch einmal halbiert, die andere Hälfte durch Kochsalz ersetzt und festgestellt: Es geht!
Bei dieser Art von Würsten eignen sich Naturdärme am besten. Sie garantieren zwar nicht immer die makellos gerade, lange Form, wie wir sie aus der Metzgerei kennen. Manchmal runden sie sich gern ein bißchen. Aber, was soll's, sieht eine zum Ring gebundene, luftgetrocknete Mettwurst nicht auch appetitlich aus?
Im übrigen finde ich, daß Sie bis hierher wirklich schon genug Geschichte und Wurst-Theorie über sich ergehen lassen mußten. Beginnen wir lieber mit dem, was Sie mit Recht von diesem Buch erwarten – der Praxis der hausgemachten Würste.
Alles, was wissenswert und wichtig ist, Tips, Tricks und Ratschläge, finden Sie dort, wo es auch hingehört: bei den Rezepten.

Ein »inhaltreiches« Kapitel

Was in unsere Wurst hinein darf oder kann, bestimmen wir selbst. Schließlich kommt aus unserer Wurstküche nur, was für den eigenen Bedarf bestimmt ist oder was wir im Familienkreis, bei Freunden und Bekannten als ausgefallenes Geschenk zum Besuch mitbringen. Da wir ja keine gewerbsmäßigen Wurstmacher sind, brauchen wir uns auch nicht nach der Fleischverordnung zu richten. Und dafür, daß nur Gutes in unsere Wurst kommt, sorgen wir schon selbst. Wenn in unsere Milchbratwurst statt Pulver wirklich gute Vollmilch, in die Sahneleberwurst gute süße Sahne kommt statt Sahnepulver und in die Pastete eine frisch gepreßte Knoblauchzehe statt einer pulverisierten – uns kann's nur recht sein. Und die Hausmachersülze darf einen so dikken Fettrand haben, wie wir ihn mögen.

Woher nehmen . . .?

In dem Stadtteil am Rande von Köln, in dem ich wohne, gibt es für den Fleischeinkauf ein reiches Angebot: Drei Supermärkte mit Frischfleischtheken haben, wenn auch häufig in abgepackten Portionen, ein reichliches und preiswertes Angebot. Ein paar Metzgereien im Familienbesitz bieten zwar alles, was wir zum Wurstmachen benötigen, aber sie sind auch teurer. Dann gibt es den Filialbetrieb einer Großmetzgerei mit reicher Auswahl in guter Qualität und eine Metzgerei für Kunden, die nicht auf den Preis zu sehen brauchen oder wollen. Also – anders gesagt – für Leute, die sich ihren Blumenkohl von Fleurop ins Haus schicken lassen. Dieses Geschäft hat zwar Spitzenpreise, bietet aber auch allerbeste Qualität fürs Geld.

Abgepackte Ware hat den Nachteil, daß man nicht immer vor Überraschungen sicher ist, weil man oft nicht in die Verpackungen hineinsehen kann. Und so ist manchmal der Fettrand dicker, der Knochen in der Schweineschulter größer, als es auf den ersten Blick schien. Außerdem ist die Auswahl begrenzt, da man ja nicht ein Stück nach dem gewünschten Gewicht schneiden lassen kann. Das ist möglich, wenn es eine spezielle Metzgereiabteilung gibt, dann kostet es aber gleich wieder ein paar Pfennig mehr. Das gleiche gilt auch für die Lebensmittelabteilungen großer Kaufhäuser, wenn sich eine solche Einkaufsmöglichkeit in Ihrer Nähe anbietet.

Supermärkte und Einkaufscentren bieten neben ihren ohnehin recht preiswerten Waren sehr oft Sonderangebote, die spürbar unter dem üblichen Preis liegen. Die Konkurrenz ist doch recht groß, und so sind reduzierte Preise häufig eine wirkungsvolle Kundenwerbung. Die hohen Umsatzmengen dieser Geschäfte haben noch einen anderen Vorteil: Man kann davon ausgehen, stets tagesfrische Ware zu bekommen. Wenn Sie, wie ich, in einer größeren oder großen Stadt wohnen, können Sie auf diese Art gut und preiswert Schweineschulter und -bauch, Eisbein und Schinkenbraten, Rinderbraten und -gulasch für einen Großteil unserer Rezepte einkaufen. Diese Waren haben eine sogenannte durchschnittliche Konsumqualität. Das bedeutet, daß Sie hier eine Fleischqualität finden, die für unsere Zwecke recht gut geeignet ist. Das »besonders gute« magere und teure Schnitzel in PSE-Qualität findet man hier aus Preisgründen seltener. Achten Sie beim Einkauf darauf, Stücke zu bekommen, die in der Farbe dunkler und mit kleinen Fettäderchen durchzogen sind.

Wohnen Sie dagegen in einer kleinen Stadt oder auf dem Lande, haben Sie natürlich noch andere Möglichkeiten. Die Preise sind dort sehr oft günstiger als in den Städten, man kennt sich, ist meist Stammkunde und wird dort gut bedient und beraten. Häufig ist auch die Qualität dort ausgezeichnet, weil der Meister das Schlachtvieh oft selbst aussucht und es von Landwirten beziehen kann, die er kennt und von denen er weiß, daß die Tiere aus landwirtschaftlicher Weidehaltung stammen.

Hausgemacht – lieb und teuer?

Obwohl wir das Fleisch für unsere Rezepte von den Stücken kaufen, die in der Ladentheke angeboten werden, also praktisch zum Verkauf bestimmte Haushaltsware, braucht unsere Wurst nicht unbedingt teurer zu sein als Fertigware. Die besteht ja aus anderen, nicht für die Küche bestimmten Stücken. Ein Beispiel: Ein Kilo Bratwurst, aus preiswert im Sonderangebot gekaufter Schweineschulter selbstgemacht, war nicht teurer als fertig angebotene Wurst. Sicher, der Metzger kauft billiger ein, als wir es können. Aber er hat, was bei uns entfällt, hohe Lohnkosten, nicht unerhebliche Steuern zu zahlen und den Aufwand fürs Geschäft. So gleicht sich das wieder aus. Wir brauchen weder aufwendige Maschinen noch riesige Kühlräume zu bezahlen und zu unterhalten.

Auch das Kilo hausgemachte Leberwurst ist kaum teurer als gekaufte. Wenn Sie berücksichtigen, daß wir in all unseren Leberwurstrezepten statt der geforderten Mindestmenge von »über 10 Prozent« Leber 30 Prozent verarbeiten und Fleisch in Ladenqualität, ist eine geringe Preisdifferenz wohl gut zu ertragen. Da wir auch keine teuren Emulgatoren und Fertiggewürzmischungen verwenden, ist der Preisunterschied wirklich – bei günstigem Einkauf – minimal.

Ganz in Kürze: die Gewürze

Unsere Hausmacher-Wurstküche ist auf gar keinen Fall ein geheimnisumwitterter Ort, in dem Rezepte nur hinter verschlossenen Türen entstehen. Große Gewürzmühlen, die Fertigmischungen in Kilopakkungen an die Metzger liefern, mögen zwar die Zusammensetzung dieser Würzen ängstlich hüten, aber wie sagt ein altes Sprichwort? Es wird überall nur mit Wasser gekocht! Und so können auch diese

Firmen nichts anderes benutzen als die gleichen guten, alten und bewährten Gewürze, die wir in jedem Laden auch kaufen können. Sinn dieser Fertiggewürzmischungen ist ohnehin doch nur, dem Metzger die Arbeit des ständigen Auswiegens zu ersparen und dafür zu sorgen, daß der Geschmack der Wurst immer der gleiche ist.

In unserer Wurstküche dagegen ist viel Platz und Gelegenheit zum Probieren und Experimentieren. Neben einem ganz erfreulichen Überraschungseffekt haben wir den Vorteil, daß die Wurst nie gleichförmig schmeckt.

Alle Gewürze, die wir brauchen, sind entweder im Haushalt ständig vorhanden oder aber im Geschäft zu kaufen. Und das wär's schon, mehr ist hierzu kaum zu sagen. Vielleicht sollte ich Ihnen zur Vorsicht raten mit der einzigen Fertigmischung, die es in diesem Zusammenhang gibt, dem sogenannten »Pastetengewürz«. Nicht, daß da etwas Unrechtes drin ist, absolut nicht. Nur, dieses Mischgewürz hat ein sehr intensives, typisches Aroma. Selbst sparsam verwendet, tritt sein charakteristischer Geschmack immer deutlich hervor. Das bringt das Risiko mit sich, daß die Pasteten alle mehr oder weniger gleich schmecken, die Erfahrung habe ich gemacht. Und so will ich es so weit wie möglich als Standardwürze vermeiden und Ihnen lieber andere Möglichkeiten anbieten.

Zwei Enden hat die Wurst

Zumindest dann, wenn sie traditionell im Darm abgefüllt wird. Für Kochwürste, die streichfähig sein sollen, empfiehlt sich das Einkochglas als bequemste und beste Aufbewahrungsart. Naturdärme haben die Eigenart, daß sie, für Kochwürste verwendet, immer ein wenig Fett und Aroma an das Wasser abgeben, wenn sie gebrüht werden. Man muß die Wurstfülle dann etwas stärker würzen. Das kommt daher, weil die Därme aus natürlichem Gewebe bestehen und somit etwas porös sind. Diese Eigenschaft aber macht sie für luftgetrocknete Würste gerade besonders gut geeignet.

Zellophandärme, Kunst- und Naturdärme sowie Wurstschnur zum Abbinden und Pökelsalz, soweit Sie darauf nicht verzichten wollen, bekommen Sie überall in der Nähe von Schlachthöfen in größeren Städten in Metzgereibedarfsgeschäften. Dort erhalten Sie zum Beispiel auch Pistazien für hausgemachte Mortadella viel preiswerter als im kleinen Portionsbeutel im Einzelhandelsgeschäft. Nur, die Großpackung läßt sich schwer so rasch verbrauchen, und Pistazien können, wie alle Nüsse, durch ihren hohen Fettgehalt schnell ranzig werden.

Naturdärme werden, meist in Bündeln, eingesalzen angeboten. Dadurch halten sie sich, kühl gelagert, sehr gut. Im Gemüsefach des Kühlschrankes lassen sie sich bis zu 2 Jahren aufbewahren. Wenn Sie aber so viel Spaß und Freude am Wurstmachen bekommen wie ich, ist der Vorrat ohnehin bald verbraucht. Eine Geruchsbelästigung brauchen Sie nicht zu befürchten: Die Salzkonservierung verhindert das weitgehend, und wenn Sie den Verpackungsbeutel immer wieder gut zuknoten, kann nichts passieren. Die sogenannten Saitlinge, dünne Schafsdärme für Bratwurst und Würstchen, gibt es auch in einer Salzlösung in dichtschließenden Plastikdosen zu kaufen. Für luftgetrocknete Rohwürste gibt es außer den Kunstdärmen auch Wursthüllen aus Leinen. Das als Empfehlung für diejenigen unter Ihnen, denen der zugelassene, als unbedenklich erscheinende Formalingehalt in Kunstdärmen immer noch zu hoch erscheint. Außerdem bekommen Sie auch Kunstdärme aus Rinderspalthaut, die garantiert ohne jeden Formalingehalt hergestellt wurden. Sie werden unter dem Namen Hukki-Darm angeboten.

Im übrigen können Sie in den Metzgereibedarfsgeschäften ruhig um Rat fragen. Bei meinem freundlichen Ratgeber Horst Beunings, der am Kölner Schlachthof ein kleineres Spezialgeschäft hat, habe ich neben der gewünschten Ware immer gute Tips bekommen. Auch wenn meine Fragen zum Anfang manchmal wirklich laienhaft waren, hatte er für meine Probleme immer ein offenes Ohr und eine freundliche Antwort. Ich wünsche Ihnen, daß Sie das gleiche Glück haben wie ich, einen so entgegenkommenden Verkäufer in einem Fachgeschäft zu finden.

In kleineren Städten, wo kein Schlachthof mit nahegelegenen Spezialgeschäften in der Nähe ist, wird Ihnen der Metzger, bei dem Sie Kunde sind, sicher helfen und aus seinem Bestand eine kleinere Menge für den Hausbedarf ablassen.

Soweit also über das »Drum und Drin« unserer Hausmacher-Wurst.

Auf des Messers Schneide ...

... kommt es an. Wie bei vielen anderen Dingen, beim Heimwerken und im Garten, beim Modellbau oder Töpfern, ist auch in unserer Wurstküche gutes und richtiges Werkzeug die Vorbedingung für ein gutes Gelingen. Unser Vorteil ist, daß die meisten der notwendigen Geräte ohnehin im Haushalt vorhanden sind und wir keine aufwendigen Spezialmaschinen brauchen.

Zwei oder drei unterschiedlich lange Küchenmesser sind wohl sowieso in den meisten Küchen vorhanden. Ein kleines, sogenanntes Schälmesser, wie man es für Kartoffeln oder zum Gemüseputzen benutzt, leistet gute Dienste bei allen kleinen Arbeiten, wenn Sie Zwiebeln schälen und schneiden, Gemüseeinlagen für Sülzen, Terrinen oder für den berühmten Pfälzer Saumagen würfeln müssen. Ein mittleres Küchenmesser mit spitz zulaufender Klinge ist sehr praktisch, um zum Beispiel Eisbein oder Schweineschulter vom Knochen zu lösen oder auch kleinere Teile, wie Leber, in Würfel zu teilen.

Für große Fleischportionen, wenn Sie zusammenhängendes Rind- oder Schweinefleisch zu zerlegen haben, arbeitet es sich am bequemsten mit einem Messer, das etwa eine 20 cm lange Klinge hat. Damit geht die Vorbereitung flott und zügig, um größere Streifen und Würfel für das Zerkleinern durch den Fleischwolf zu präparieren.

Auch das Abtrennen der Schwarte vom am Stück gekauften Schweinebauch geht mit so einem großen Messer viel schneller und besser als mit einem kleineren.

Scharf müssen die Messer alle sein, sonst wird Ihnen die Arbeit schnell zur Plage. Ich weiß aus Erfahrung, daß nichts mühsamer ist, als ein Kilostück Fleisch mit einem ungenügend geschärften Messer zu teilen oder etwa gebrühte Leber in saubere Würfel zu schneiden. Wenn also noch nicht vorhanden, besorgen Sie sich einen Messerschärfer. Es muß nicht unbedingt ein teures elektrisches Gerät sein; ein einfaches tut es genausogut. Aber – Vorsicht! Denn ebenfalls aus Erfahrung kann und muß ich nachdrücklich davor warnen, mit geschliffenen Messern sorglos umzugehen! Die Verletzungsgefahr ist nicht zu unterschätzen. Wenn Sie, um beim einmal genannten Beispiel zu bleiben, Schweinebauch entschwarten wollen, machen Sie am besten zwischen Fleisch und Haut einen Einschnitt, nehmen die am Schnitt abgelöste Schwarte in eine Hand und führen dicht unter ihr das Messer entlang. Dabei hebt sie sich leicht vom Fleisch ab. Arbeiten Sie aber langsam und vorsichtig, und führen Sie das Messer immer vom Körper weg. Metzger, die täglich mit so scharfem Werkzeug umgehen müssen, haben für ihre Arbeit als Schutzkleidung Panzerschürzen und -handschuhe. Sie bestehen aus vielen, ganz kleinen Stahlplättchen, die wie Fischschuppen angeordnet sind, und sehen fast so aus wie Teile von alten Ritterrüstungen. Wir haben so etwas im Haushalt nicht, aber wenn Ihre Messer gut scharf geschliffen sind, reicht es, sie mit nur ganz geringem Druck zu führen, um mühelos schneiden zu können. Besonders aufmerksam müssen Sie beim Auslösen von Knochen sein, hier rutscht ein Messer schon mal ab.

Eine solide Grundlage

Ein oder zwei größere und zwei kleinere Holz- oder Kunststoffbretter sollten Sie für die Arbeit zum Schneiden und Würfeln haben. Holzbretter soll man übrigens – genauso wie hölzerne Quirle oder Kochlöffel – nie mit Spülmittel reinigen. Möglichst heißes Wasser und eine harte Bürste (oder ein kleines Putzkissen aus Stahlwolle) sind viel besser.

Suppenkellen, Schöpflöffel oder eine Schaumkelle werden Sie bestimmt im Hause haben, ebenso wie Löffel und einen Meßbecher. Nicht verzichten sollten Sie auf ein Einkochthermometer. Es ist beim Brühen der Würste für das Einhalten der Temperatur notwendig. Sie erhalten es preiswert in Haushaltwarengeschäften und den entsprechenden Abteilungen der Warenhäuser. Aus hygienischen Gründen nehmen Sie es am besten zur Verwendung beim Wurstmachen aus der Metallhülse heraus.

Ideal für die Arbeit wären Edelstahlschüsseln, weil sie gut zu reinigen sind. Zum Teil gibt es sie als Satz in unterschiedlicher Größe in Kauf- und Versandhäusern. Genügend große Porzellan- oder Keramikschüsseln tun es auch. Von Plastikschüsseln möchte ich abraten. Weil sie eine weichere Oberfläche haben, entstehen in ihnen öfter kleine Kratzer. Dort können sich Reste der Wurstmasse leicht festsetzen. Die größte Schüssel sollte ein Kilo durchgedrehtes Fleisch aufnehmen können und zusätzlich so viel Platz bieten, daß Ihnen beim Mischen und Kneten nichts über den Rand läuft.

Topfgucken erwünscht

Zumindest ist es wichtig, einen prüfenden Blick nicht in, sondern auf Ihre Töpfe zu werfen, ehe Sie mit der Arbeit beginnen. In einem 2-Personen-Haushalt findet sich nicht immer ein genügend großer Topf, um ein Kilo Fleisch darin zu kochen. Da empfiehlt sich eine gründliche Musterung des Bestandes, ehe Sie plötzlich vor einer großen Portion Fleisch stehen und nicht wissen, wohin damit. Ein einfacher Emailtopf tut gute Dienste und ist recht preiswert zu bekommen. Kaufen Sie ihn ruhig etwas größer und vor allen Dingen höher als gerade nötig. Sie ersparen sich damit böse Überraschungen, wenn sich beim Kochen Schaum im Topf bildet und überläuft.

Sind Sie glücklicher Besitzer eines sogenannten Dampf- oder Schnellkochtopfes, haben Sie ein ideales Gefäß. Es lohnt sich wirklich, die Anschaffung ernsthaft zu überlegen, wenn Sie daran ohnehin schon einmal gedacht haben. Sie garen

das Fleisch – und nicht nur das für unsere Wurst – in einem geringen Teil der sonst üblichen Kochzeit und sparen (neben der Zeit) dabei auch noch einiges an Energie. Wertvolle Inhaltstoffe verbleiben im Fleisch oder der Brühe, sie können durch den festen Verschluß des Topfes nicht herauskochen oder im Kochdampf entschwinden. Auch etwas zähere Stücke werden in einem solchen Topf butterweich. Er bietet also eine große Zahl von Vorteilen.
Groß soll der Topf auch sein, um beim Brühen Platz zu bieten. Für in lange, gerade Därme abgefüllte Würste eignet sich ein sogenannter Bräter gut, bei in Ringen oder kurz abgebundenen Würsten reicht ein normaler Kochtopf meist aus.

Die Heimwerkstatt

Keine Sorge, wir brauchen auf keinen Fall einen aufwendigen Maschinenpark, aber ein Gerät ist unverzichtbar: *der Fleischwolf.* Ein handbetriebener leistet schon gute Dienste, er sollte aber unbedingt zwei *Lochscheiben* haben, eine feine und eine grobe. Wenn Sie zusätzlich noch eine Scheibe mit mittlerer Lochung besitzen, kann sich das als sehr praktisch erweisen. Nehmen Sie aber auf keinen Fall einen Fleischwolf aus Plastik. So ein Gerät mag für den gelegentlichen normalen Hausgebrauch recht gut sein, aber für unsere Zwecke sollte ein Wolf stabil und groß genug sein. Der gute alte Fleischwolf aus Gußeisen, wie ihn Großmutter schon benutzte, ist ideal. Sie müssen sich aber, wollen Sie Würste im Darm abfüllen, im Haushaltwarengeschäft einen sogenannten *Wurstfüller* besorgen. Das ist ein Rohr, das nach Entfernen von Messerkreuz und Lochscheibe mit dem Rändelring auf dem Wolf befestigt wird. Über dieses Rohr wird dann der Darm gezogen, die Transportschnecke im Fleischwolf drückt die Wurstmasse dann einwandfrei in den Darm.
Einfacher geht es mit einem elektrischen Fleischwolf. Er erleichtert die Arbeit enorm, man hat zum Abfüllen die Hand frei, mit der man sonst die Kurbel drehen müßte; die erforderlichen beiden Lochscheiben gehören zur Ausstattung genauso wie bei fast allen angebotenen Geräten der Wurstfüller.
Die meisten Geräte werden außerdem noch mit einem Vorsatzteil geliefert, mit dem man Gemüse raspeln und Kartoffeln reiben kann – eine zusätzliche Hilfe im Haushalt. Solche Maschinen gibt es bereits unter 100 DM (Preis Dez. 1982). Allein mit einem Fleischwolf können Sie alle Bratwürste, die meisten Kochwurstarten, fast alle Rohwurstarten und den größten Teil der Terrinen und Pasteten perfekt herstellen.
Ob Sie dabei mit dem altbewährten Handgerät oder einer elektrischen Maschine arbeiten, liegt bei Ihnen. Ich persönlich benutze einen elektrischen Wolf von Moulinex, der mir vor allen Dingen dann gute Dienste geleistet hat, wenn ich allein und ohne Hilfe beim Füllen arbeiten mußte.
Für die übrigen Rezepte habe ich für alle feinen Füllungen die Mouli-

nette benutzt – ein Gerät, das man als »Blitzhacker« oder »Püriergerät« bezeichnen kann. Natürlich gibt es von anderen Herstellern vergleichbare Küchenmaschinen, auch der Versandhandel bietet welche an. Sollten Sie einem anderen Gerät den Vorzug geben, so tauschen Sie bitte in Gedanken überall dort, wo ich aus Gewohnheit von der Moulinette spreche, den Namen gegen den Ihrer Maschine aus.
Sämtliche zum Wurstmachen benutzten Bestecke, Geräte und Maschinen müssen nach dem Gebrauch mit möglichst heißem Wasser und einer harten Bürste gründlich von anhaftenden Resten gereinigt werden. Sauberkeit ist in unserer Wurstküche das oberste Gesetz, damit sich keine Bakterien und Keime durch ungenügend gereinigte Geräte oder Maschinen übertragen.

Frischwürste

Sie haben, liebe Leser, bisher genügend Theorie und kluge, einleitende Bemerkungen über sich ergehen lassen müssen. Kommen wir nun zur erfreulichen Praxis.
Wahrscheinlich werden Deutschlands Metzger gegen mich zu Felde ziehen, weil ich ihnen ihre mühsam erstellte Sortenbezeichnung so einfach wieder durcheinanderbringe. Sie kennen nämlich die Bezeichnung Frischwurst, wie ich sie hier beschreiben möchte, nicht. Aber ich bin bereit, das mit Fassung zu tragen, schließlich wollen wir uns – Sie und ich – verstehen und einfach und unkompliziert unsere Art von Wurst machen.
Als ich bei einem Kölner Metzger Fleisch für meine private Wurstküche einkaufte, fielen mir zwei Würste auf, beide im Zellophandarm; die Füllung sah aus wie einfaches Schweinemett. Neugierig, wie ich nun einmal bin, fragte ich, welche Wurst das sei. Die Antwort war verblüffend: frische Streichmettwurst – einmal mit und einmal ohne Zwiebeln. Nun ist ja die sogenannte Zwiebelmettwurst, in vielen Gegenden bekannt und beliebt, wirklich nichts weiter als mit Pfeffer, Salz und Zwiebeln gewürztes Schweinemett, im Kunstdarm verpackt und frisch verkauft. Warum also sollte man ein im Grunde so einfaches Rezept nicht selbst ausprobieren? Noch dazu, weil es geeignet ist, selbst Anfängern viel Freude zu bereiten. Der Erfolg bei den ersten Versuchen mit selbstgemachter Wurst ist sicher, eben weil sie so einfach und unkompliziert herzustellen ist. Hat man erst einmal mit leichten Rezepten Freude und Erfolg gehabt, traut man sich auch an schwierigere Wurstarten heran.
So habe ich die Rezepte für frische Wurst mit Absicht an den Anfang gestellt. Sie sollen Mut machen zum weiteren Probieren und auch schon ein bißchen Erfahrung vermitteln.

Also – fassen Sie sich ein Herz, binden Sie sich die Küchenschürze um und beginnen Sie:

Frische feine Streichmettwurst

250 g gut durchwachsenes Schweinefleisch (Halsgrat), 1 gestrichener Teelöffel Salz, ½ gestrichener Teelöffel weißer Pfeffer, 1 Prise Muskat, 1 Schnapsgläschen kaltes Wasser (Eiswasser), 1 Schnapsgläschen Wodka

Das Fleisch wird in kleine Würfel geschnitten und in der Moulinette ganz fein zerkleinert.
Ich habe die Erfahrung gemacht, daß sich das Fleisch, wenn es ungefähr wie feines Mett zerkleinert ist, zu einem kleinen Bällchen in der Moulinette formt und dann von den Messern herumgewirbelt wird, ohne weiter durchgedreht zu werden. Hier nun hilft der Trick mit dem Gläschen Wasser. Gießen Sie etwas Wasser zum Fleisch, es macht die Wurstmasse nicht nur ge-

schmeidiger und streichfähiger, sondern das angefeuchtete Mett wird von den Messern der Maschine wieder erfaßt und ganz fein zerkleinert.
Die Wurstmasse wird nun mit den Gewürzen und dem Wodka sehr gut durchgeknetet. Der Alkohol macht unsere Wurst unter anderem haltbarer. Nicht ohne Grund – wenn auch in einem anderen Zusammenhang – sagen manche Leute: Alkohol konserviert. Sie können statt Wodka auch mal Cognac, Kirschwasser oder zum Beispiel Calvados verwenden – soweit vorhanden. Sie werden dabei schon bei unserem ersten Rezept merken, daß das Sprichwort oft recht hat: Probieren geht über studieren. Und da wir gerade schon so schön beim Probieren sind, hier gleich das nächste, einfache Rezept, für

Zwiebelmettwurst

250 g gut durchwachsenes Schweinefleisch (Halsgrat), Salz, weißer Pfeffer, 1 mittelgroße Zwiebel

Das Fleisch wird entweder durch die feine Scheibe des Fleischwolfs gedreht oder in der Moulinette mittelfein zerkleinert. Dazu die Maschine nur kurz laufen lassen. Die Zwiebel am besten gleich mit durchdrehen bzw. in der Maschine zusammen mit dem Fleisch zerkleinern. Die Wurstmasse wird dann mit Salz und Pfeffer abgeschmeckt. Wer mag – es ist nicht jedermanns Sache –, kann eine kleine Knoblauchzehe mit durchdrehen oder mit etwas Knoblauchpulver würzen. Zur Verfeinerung können Sie mal mit sogenanntem Rauchsalz experimentieren; es wird in den Gewürzregalen von Supermärkten und Kaufhäusern als »Hickory-Rauchsalz« in kleinen Schraubgläsern angeboten. Auch eine kleine Prise Paprika kann Ihrer Wurst eine andere Geschmacksrichtung geben.

Nicht nur Hunger ist der beste Koch, wie ein altes Sprichwort sagt, sondern sein Kollege namens Zufall hatte oft die Hand im Spiel, wenn am Herd ein neues Rezept entstanden ist. Dieser besagte Herr Zufall also stand Pate beim folgenden Rezept, von dem ich nicht unbedingt behaupten will, das Ergebnis sei neu. Aber die Art, wie ich darauf kam, war schon recht vergnüglich. Und ich schwöre – ich habe es weder irgendwo abgelesen noch erfragt. Beim Experimentieren mit hausgemachtem Leberkäse – das Rezept finden Sie später im Buch – blieben etwas mageres Rind- und Schweinefleisch übrig. Um es zu irgendeinem anderen Rezept zu verwenden, war es zuwenig, um es in den Abfall zu werfen, zu schade und zu teuer. So habe ich beides in der Moulinette zerkleinert, und was dabei herauskam, war ein appetitlich aussehender, dunkelroter Fleischteig – im Aussehen so ähnlich wie Teewurst, im Geschmack wie frisches Tatar. Nur – die richtige Würze fehlte noch. Aber mit dem nötigen Spaß am Experiment wurde es dann die

Frische Teewurst

125 g mageres Rindfleisch, 125 g mageres Schweinefleisch, 1 gestrichener Teelöffel Salz, 1 gestrichener Teelöffel weißer Pfeffer, je ½ gestrichener Teelöffel Rosenpaprika scharf und Paprika edelsüß, 1 Teelöffel Zitronensaft, 1 Teelöffelspitze Zucker, 1 kleines Schnapsglas Rum und etwas Eiswasser

Das Fleisch wird in kleine Würfel geschnitten, gut miteinander vermischt und in der Moulinette sehr fein zerkleinert. Wenn Sie jeder Füllung des Fleisches im Gerät ein kleines Gläschen Eiswasser zusetzen, erhalten Sie einen sehr feinen, geschmeidigen Wurstteig. Das Eiswasser erhalten Sie ganz einfach: Ein paar Eiswürfel aus dem Gefrierfach in ein Glas geben, Wasser daraufgießen und ein paar Minuten in den Kühlschrank stellen. Die Wurstmasse wird nun mit den Gewürzen, dem Zitronensaft und dem Gläschen Rum sehr gut durchgeknetet. Füllen Sie die fertige Wurst in eine kleine Schüssel oder in ein Steinguttöpfchen. Länger als drei Tage sollte sie nicht im Kühlschrank aufbewahrt werden. Da sie aber verblüffend gut schmeckt, dürfte sie sowieso bald aufgegessen sein.
Diese Wurst ist absolut mager, im Gegensatz zur beim Metzger gekauften Teewurst, die einen beachtlichen Fettanteil hat.
Sollte die Wurst nach der Herstellung etwas überwürzt schmecken – bekommen Sie keinen Schreck. Über Nacht verteilen sich die Gewürze erst richtig im Fleisch, die Wurst schmeckt am Tage nach der Zubereitung bedeutend milder und hat dann ein harmonisch abgerundetes Aroma. Ich habe es selbst ausprobiert.

Bratwürste

Wenn es im späten Frühjahr so warm ist, daß sich ein Teil der Freizeit wieder im Garten, auf der Terrasse oder auf dem Balkon abspielt, dann ist auch die Zeit gekommen, in der hinter Hecken und Zäunen die bekannten blauen Rauchwölkchen aufsteigen und der Duft von gegrillten Koteletts, Steaks und Würstchen durch die Gegend zieht.

Es ist doch gerade erst etwa zehn Jahre her, daß die modische Welle des Grillens aus Amerika über den großen Teich zu uns herüberschwappte und eine ganze Generation von Freizeitköchen mit Lagerfeuer-Romantik und dem imitierten Duft von ungebundener Freiheit in der weiten Wildnis infizierte. Plötzlich war es »in«, sich eigenhändig Fleisch und Würstchen über offenem Feuer zu braten, und von Holzkohle geschwärzte Hände und Brandblasen an den Fingern galten als äußeres Zeichen der Zugehörigkeit zur großen Bruderschaft der kulinarischen Feueranbeter.

Das Ergebnis war ein ganzer Industriezweig, der Garten-, Balkon- und Tischgrills baute, Grillbestekke, -schürzen und -handschuhe, Blasebälge und Drehspieße herstellte, und die Lebensmittelindustrie füllte eilig die entdeckte Marktlücke bzw. die Regale mit Grillgewürzen und Barbecue-Saucen. Die Metzger verkauften Brat- und Grillwürstchen wie noch nie, und heutzutage gibt es sogar die Holzkohle im praktischen Papierbeutel abgepackt zur Sommerzeit an vielen Tankstellen neben Benzin, Super und Diesel zu kaufen.

Wie so viele Dinge, die erst einmal als Modewelle über uns im Laufe der Jahre hinweggerollt sind, hat das Grillen auch erfreuliche Nachwirkungen hinterlassen. Was zuerst als »modisch-schick« und »rustikal« angesehen wurde, führte mit einem Mal viele Leute zur unterhaltsamen »Grillparty« zusammen. Die Umgebung brachte es mit sich, daß man ungezwungen und salopp um den Grill herum saß und locker mit seinen Nachbarn plauderte. Ein ganz neues, hemdsärmeliges Erlebnis nach »Einladungen« und »Empfängen«, auf denen man im dunklen Anzug oder im »kleinen Schwarzen« gepflegte Konversation machen mußte.

Auf Ihrer nächsten Grillparty werden Sie garantiert für ungewöhnlichen Gesprächsstoff sorgen, wenn die Würstchen aus der eigenen Küche serviert werden. Ich habe die Bratwürste aus mehreren guten Gründen an den Anfang des Rezeptteiles gestellt. Sie sind am leichtesten herzustellen und erfordern relativ wenig Arbeit und Aufwand. Der Beifall, den Sie bei Ihren Gästen ernten werden, beruht nicht zuletzt darauf, daß Sie Sorten anbieten können, die es bei keinem Metzger zu kaufen gibt. Sie können auf Vorrat wursten und größere

Mengen, so wie man sie zu einer zünftigen Grillparty braucht, einfrieren. Sie halten sich mehrere Monate, müssen aber – einmal aufgetaut – auch verbraucht werden.
Unsere Bratwürste sind nicht nur für den Grill gedacht, sie sind, in der Pfanne gebraten und mit Sauerkraut oder Gemüse und Kartoffeln serviert, eine komplette Mahlzeit.

Frisch auf den Tisch
Bratwürste unterliegen, weil sie aus frisch durchgedrehtem Fleisch und Gewürzen bestehen, der Hackfleischverordnung. Sie dürfen danach nur frisch hergestellt und verkauft werden. Ausnahmen bilden Würste, die in Dosen haltbar verpackt oder gebrüht in Folienpakkungen luftdicht verschlossen zur begrenzten Aufbewahrung geeignet sind.
In all unseren Rezepten wird preiswerte Schweineschulter verwendet. Kaufen Sie sie im Gewicht von ungefähr 1250 Gramm. Nach Entfernen des Knochens und der Schwarte verbleibt ein Kilo gut durchwachsenes Fleisch. Achten Sie beim Einkauf darauf, ein Stück zu bekommen, das nicht mehr als ein knappes Viertel Fettanteil hat.
Abgefüllt werden die Bratwürste in sogenannte Saitlinge, das sind Schafsdärme 26 bis 28. Sie entsprechen genau unseren Zwecken: Die Därme vom kleineren Kaliber 24 bis 26 passen nämlich nicht mehr über die Füllrohre, die es für den Haushaltsfleischwolf gibt. Die dünneren Därme sind zwar für die gerade fingerlangen und -starken Nürnberger Rostbratwürstchen ideal, aber sehr schwierig zu füllen. Es geht zur Not mit einem Spritzbeutel, wie man ihn zum Garnieren von Kuchen und Torten benutzt, aber ich kann Ihnen aus Erfahrung sagen: Es ist umständlich und mühsam, außerdem ist das Reinigen des verwendeten Spritzbeutels eine langwierige, komplizierte Arbeit. Zur Not ginge es auch mit einer Plastikspritze, wie man sie ebenfalls zum Kuchengarnieren kaufen kann. Ihr Inhalt ist aber so gering, daß man damit nur wenige Würstchen füllen könnte. Die benötigten Därme erhalten Sie eingesalzen haltbar gemacht in Bündeln oder in Salzlösung eingelegt in Plastikdosen in Fachgeschäften für Metzgereibedarf. Beide Arten müssen vor dem Gebrauch eine halbe Stunde in fließendem, handwarmem Wasser gründlich gewässert werden. Vor der Verwendung läßt man innen durch die Därme noch einmal kräftig Wasser durchspülen und streicht sie dann vorsichtig zwischen den Fingern aus.
Schneiden Sie mit einer Küchenschere jeweils Längen von höchstens 70 bis 75 cm ab, das reicht für vier Würste. Längere Stücke lassen sich nur schwer auf den Wurstfüller aufziehen. Vorsicht, die dünnen Därme sind sehr empfindlich und können leicht einreißen. Arbeiten Sie beim ersten Mal langsam und sorgfältig, die nötige Übung stellt sich ohnehin bald ein, dann geht es zügiger.

Die Fülle in der Hülle
Streifen Sie nach dem Wässern und Spülen den zurechtgeschnittenen

Darm mit dem einen Ende vorsichtig über die Öffnung des Füllrohres, und ziehen Sie ihn langsam nach und nach auf das Rohr, bis ein Rest von ungefähr 3 cm offen übersteht. Dabei den Darm immer locker zum hinteren Ende des Füllrohres schieben. Es ist wichtig, daß das vordere Ende des Darms offen bleibt und noch nicht zugedreht wird. Wenn Sie nämlich mit dem Füllen beginnen, drückt die Transportschnecke des Fleischwolfs zuerst die Luft aus dem Rohr. Bei bereits geschlossenem Darm gäbe das erst eine Luftblase, ehe das Brät nachfolgt. Unsere Würste sollen möglichst luftfrei, aber nicht zu fest gefüllt werden. Das Brät dehnt sich ja beim Braten oder Grillen aus, zu fest gestopfte Würste platzen schnell. Sicher haben Sie beim Metzger schon frische, ungebrühte Bratwürste gekauft und wissen, wie sie gefüllt sein müssen.

Das nach dem Rezept zubereitete Brät wird in den Trichter des Fleischwolfs eingefüllt und leicht nachgedrückt. Bei elektrischen Geräten gibt es dafür als Zubehör einen Stopfer, mit dem auch das Fleisch beim Durchdrehen nachgeschoben wird. Beim handbetriebenen Wolf nimmt man einen kleineren hölzernen Quirl.

Man läßt – um ein Platzen des Darms zu vermeiden – erst etwas Bratwurstmasse aus dem Füllrohr austreten und dreht dann das offene Ende des Darms zu.

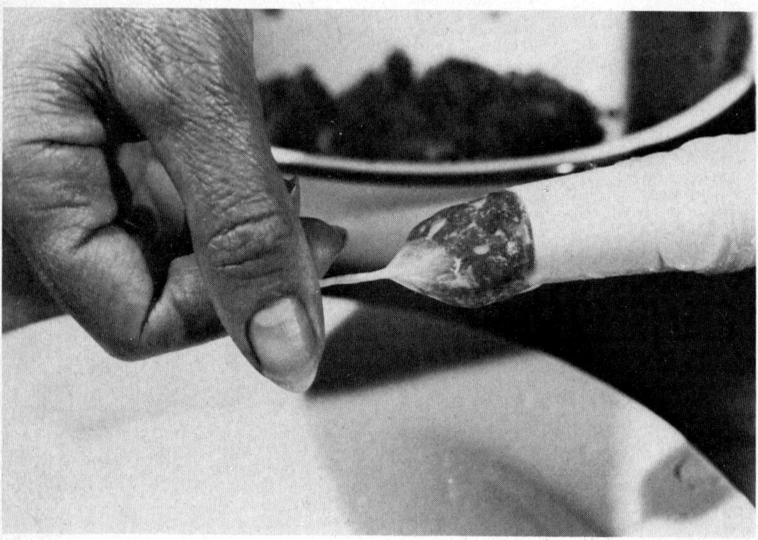

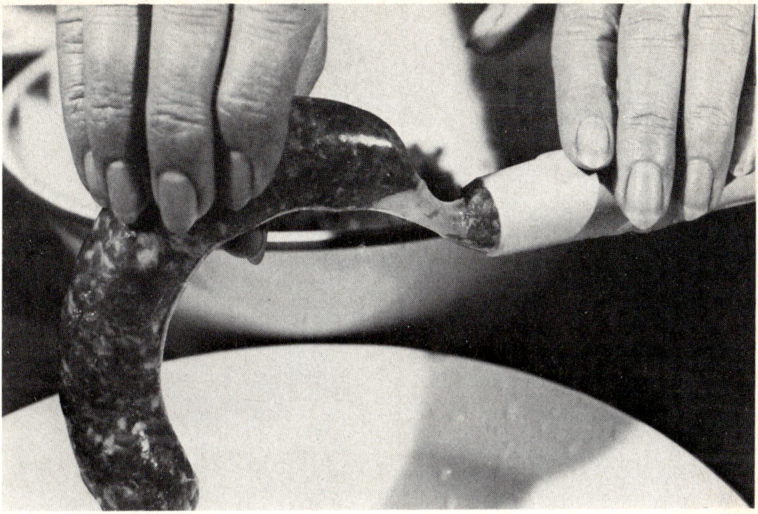

Zwischen den einzelnen Würsten muß man den Füllvorgang kurz unterbrechen und etwas Darm leer vom Füllrohr abziehen.

Durch mehrmaliges Drehen der Wurst wird der leere Teil des Darms zu einer schnurartigen Verbindung zwischen den einzelnen Würsten.

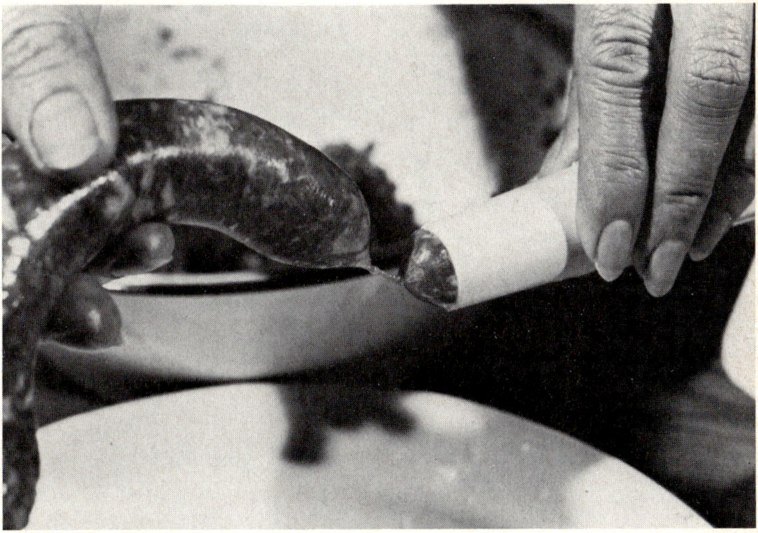

Drehen Sie nun die Kurbel so lange, beziehungsweise lassen Sie das Elektrogerät so lange laufen, bis aus dem Füllrohr ein wenig Brät austritt, dann unterbrechen. Mit Daumen und Zeigefinger wird nun das offene Ende des Darms zugedreht, sozusagen »zugezwirbelt«. Damit ist die Luftblase am Ende vermieden. Jetzt wird gleichmäßig und locker weitergefüllt. Dabei läßt man den Darm nicht allein durch den Druck der Füllung vom Spritzrohr herunter nachziehen, sondern hilft etwas mit einer Hand nach. Es könnte sonst passieren, daß die Wurst zu fest gestopft wird und das vom Fleischwolf nachtransportierte Brät den dünnen Darm reißen oder platzen läßt. Beim Handfleischwolf sollte man das zu zweit machen: Einer dreht langsam und gleichmäßig die Kurbel, der andere füllt Brät nach und führt den Darm. Beim Elektrogerät kann man das mit etwas Geschick auch allein machen. Nach 15 cm wird der Füllvorgang ganz kurz unterbrochen, vom leeren Darm auf dem Füllrohr etwa 2 cm nachgezogen und die fertige Wurst ein paar Mal um sich selbst gedreht. Dadurch entsteht die von gekauften Würsten bekannte dünne, schnurförmige Verbindung. Übrigens: immer in die gleiche Richtung drehen! Sonst löst sich die vorige Verbindung durch die Gegendrehung wieder auf. Dann den Füllvorgang fortsetzen. Sie erhalten so von einem Darm in 75 cm Länge 4 zusammenhängende Würste. Das Ende der letzten Wurst wird wieder so geschlossen wie der Anfang der ersten. Eventuell übriggebliebener Darm wird mit der Küchenschere abgeschnitten.

Wichtig ist, daß Sie das Nachfüllen des Bräts nicht unterbrechen und keine »Luftlöcher« im Fleischwolf entstehen. Wenn Sie allein arbeiten, halten Sie den Wolf kurz an, bevor der Trichter des Fleischwolfs leer ist, füllen Sie Brät nach und setzen Sie erst dann den Füllvorgang fort. Wenn Sie bereits drei Würste abgefüllt haben und an der vierten sind, kann es Ihnen passieren, daß das Gewicht der bereits gefüllten Würste und der Druck des nachgeschobenen Bräts den Darm reißen läßt. Um das zu vermeiden, stellen Sie unter das Füllrohr des Fleischwolfs am besten einen Teller oder plazieren darunter ein Küchenbrett, auf dem die bereits gefüllten Würste abgelegt werden können. Ein kleiner Tip: Stellen Sie den Teller oder legen Sie das Brettchen auf eine flache Schüssel. So kommt die Ablagefläche für die bereits gefüllten Würste höher an das Füllrohr heran, und der Zug, der durch das Gewicht der fertigen Würste entsteht, wird geringer.

Jetzt werden sie »verbraten«

Aus einem Kilo Brät erhalten Sie ca. 14 bis 16 Bratwürste. Sie können sie am gleichen Tag frisch oder gebrüht verwenden oder aber auf Vorrat einfrieren.

Zum Brühen legen Sie die Bratwürste ein paar Minuten in heißes, aber auf keinen Fall kochendes Wasser. Dabei dehnt sich das Brät aus, die Wurst wird prall und platzt beim Braten nicht so schnell. Allerdings nimmt unsere Bratwurst durch das

Brühen eine weißliche Farbe an. Noch ein Tip, wenn Sie die Hausgemachten frisch »verbraten« wollen: Das Bratfett in der Pfanne gerade zerlaufen, Öl nur warm werden lassen und die Würste hineingeben. Wenn die Füllung fest und die Würste prall geworden sind, die Temperatur erhöhen und die Würste schön braun braten. So vermeiden Sie nämlich das Platzen oder Auslaufen.

Beim Grillen auf Holzkohle darf man die Bratwürste nicht gleich in die Mitte über die größte Hitze legen, sondern muß sie mehr am Rand über wenig Glut fest werden lassen. Sie können sie aber vorher auch brühen. Das ist sicherer und ändert nichts am großartigen Geschmack unserer »Hausgemachten«.

Ich habe alle Rezepte selbst ausprobiert, bevor ich sie für Sie aufgeschrieben habe. Da man aber selbst zu den eigenen Produkten selten den nötigen Abstand hat, habe ich ein paar »Vorkoster« beschäftigt. Das war ja früher an Königs- und Fürstenhöfen oft eine gefährliche Tätigkeit; sollten sie doch die Probe machen, ob sich nicht heimlich ein Giftmischer ans Werk gemacht hatte, um den hohen Herren die Lust am Essen nachhaltig zu nehmen.

Im Falle unserer hausgemachten Bratwürste war die Probe nicht nur absolut gefahrlos, sondern, wie ich mit Freude feststellte, offenbar ein Vergnügen.

Alle – ganz gleich, ob Familie, Freunde, Bekannte oder Kollegen – waren sehr zufrieden. Obwohl ich mir gerade kritische Leute ausgesucht hatte. Uneingeweihte fragten spontan, bei welchem Metzger ich so gute Bratwurst kaufe, diejenigen, die von der Eigenproduktion wußten, meinten, wie schade, daß man die nicht kaufen kann. Wenn Sie sich genau an die Rezepte halten, wird man auf Ihrer nächsten Grillparty sicher voll Lob und Bewunderung sein, wie sehr sich Ihre »Hausmacher« von gekauften Würstchen unterscheidet.

Ein Glück, daß es Karl-Wilhelm gibt

Eines Tages bezogen Freunde von mir nicht weit von Köln im Oberbergischen Land ein schönes, altes Fachwerkhaus. Kurz nach ihrem Einzug schaute ihr Nachbar freundlich über den Zaun und stellte sich vor: »Guten Tag, ich bin der von nebenan und heiße so, wie ich aussehe: Dick.« Nun hätte ich ihn höchstens als kräftig oder stattlich bezeichnet, und das gehört ja dazu, wenn man auf dem Feld oder im Wald harte Arbeit leisten muß. Der Boden im Oberbergischen ist karg und steinig, reich wird man dort von der Landwirtschaft nicht. Aber die Menschen in den kleinen Dörfern, die ich kennenlernen konnte, sind trotzdem fröhlich, zufrieden und herzlich. Man kennt sich hier noch, Nachbarschaft ist kein leeres Wort, und man nimmt an den Sorgen und Freuden des anderen ehrlichen Anteil. Und da auch dort geteilte Freude doppelte Freude ist, feiert man gemeinsam die Feste, wie sie fallen: Geburtstage und Kindstaufen, Jubiläum und Silberhochzeit, gute Ernte, Feuerwehrball und Schlachtfest. Und zu einem solchen hatten uns Karl-Wilhelm, wie wir Herrn Dick schon bald nach einigen gemeinsamen Bieren und Körnchen nennen durften, und seine ebenfalls stattliche Marlene eingeladen. Die beiden wußten, daß ich bald ein »Wurstbuch« schreiben wollte, und der beste Platz, um Rezepte für Deftiges und Kräftiges zu sammeln, ist nun mal eine Bauernküche am Schlachtfest. Und so bekam ich, zwischen Wurstsuppe und Wellfleisch, frischem Mett und Kotelett mein erstes Hausmacher-Bratwurstrezept. Und die Schnäpschen, die zum Schlachtfest dazugehören (weil das Essen dann besser verdaut wird), haben mich nicht daran gehindert, es aufzuschreiben und nun an Sie weiterzugeben.

Probieren Sie also mal

Karl-Wilhelms bergische Bauern-Bratwurst

1 kg Schweineschulter ohne Schwarte und Knochen, 1 gehäufter Eßlöffel Kochsalz, 1 gehäufter Teelöffel weißer Pfeffer, 1 Teelöffelspitze Muskat, 2 mittelgroße Zwiebeln, 100 ccm Wasser

Wenn Sie keinen Meßbecher zur Hand haben, nehmen Sie ein halbes normales Bierglas voll Wasser. Ich benutze als Idealmaß ein kleines Gläschen, wie man es für Weinproben bekommt. Der Inhalt ist genau 100 ccm.

Das Schweinefleisch wird zusammen mit den geschälten Zwiebeln einmal durch die feine Scheibe des Fleischwolfs gedreht. Dann Salz, Pfeffer und Muskat mit dem Wasser zusammen zum Fleisch geben und gut und gründlich miteinander verkneten. Dieses Brät wird, wie bereits beschrieben, in Därme abgefüllt.

Die bekannten *Thüringer* und *Nürnberger Rostbratwürste* erhalten ihr spezielles Aroma dadurch, daß sie mit Majoran gewürzt sind. Warum, so dachte ich mir, soll man es nicht mal mit mehreren, frischen Kräutern probieren? Gerade im Sommer, zur Grillsaison, gibt es überall genügend frische Kräuter. Auf dem Markt, in den Gemüseabteilungen von Supermärkten und Kaufhäusern findet man ein reiches Angebot. Ich habe den Versuch gemacht, mehrere, miteinander harmonierende frische Kräuter zu kombinieren. Das Ergebnis war ungewöhnlich. Die zerkleinerten, im Brät verwendeten Kräuter ließen die Wurst wie grün gesprenkelt erscheinen. Ich nannte deshalb diese Wurst ganz einfach

Grüne Bratwurst

1 kg Schweineschulter ohne Schwarte und Knochen, 1 gehäufter Eßlöffel Kochsalz, 1 gehäufter Teelöffel weißer Pfeffer, 2 mittelgroße Zwiebeln, je 1 gestrichener Teelöffel getrockneter Majoran und Thymian, 1 gehäufter Eßlöffel feingeschnittener Schnittlauch, 1 gehäufter Eßlöffel feingeschnittene Petersilie, 1 gehäufter Eßlöffel frisches Selleriegrün, 100 ccm Wasser

Das Fleisch wird einmal durch die feine Scheibe des Fleischwolfs gedreht, Salz, Pfeffer und die Kräuter sowie das Wasser hinzugefügt. Alles wird gut miteinander verknetet und in Därme abgefüllt.

Sollten Sie Liebstöckel, das sogenannte Maggikraut, in Ihrem eigenen Garten haben oder es zu kaufen bekommen, versuchen Sie einmal mit diesem Kraut zusätzlich die grüne Bratwurst zu würzen. Aber Vorsicht! Liebstöckel ist ein Kraut mit sehr intensivem Aroma. Es genügt, der Wurstmasse nur einen gehäuften Teelöffel voll zuzusetzen. Diese mit frischen Kräutern zubereitete Bratwurst entfaltet beim Braten ein ungewohntes, aber sehr reizvolles Aroma. Sie ist bestimmt einen Versuch wert.

Haben Sie bei Ihrem Metzger schon einmal Leber-Bratwurst kaufen können? Dieses Rezept findet sich in keinem Metzgerrezeptbuch, und die Fleischverordnung würde diese Wurstsorte wahrscheinlich auch nicht zulassen. Da wir aber unsere Würste für den eigenen Gebrauch herstellen und nicht verkaufen wollen, kümmert uns das wenig. Schließlich wurden ja im Mittelalter Blut- und Leberwürste auch gebraten gegessen, und sie haben den Leuten wohl recht gut geschmeckt. So habe ich dann ein wenig experimentiert.

Leber-Bratwurst
Von den sonst üblichen 1000 Gramm Schweineschulter werden in diesem Rezept 300 Gramm durch Schweineleber ersetzt.

700 g Schweineschulter ohne Schwarte und Knochen, 1 gehäufter Eßlöffel Kochsalz, 1 gehäufter Teelöffel weißer Pfeffer, je 1 gestrichener Teelöffel getrockneter Majoran und Thymian, 300 g Schweineleber, 2 mittelgroße, in Ringe geschnittene Zwiebeln, etwas Schweineschmalz und 100 ccm Wasser

Die in Ringe geschnittenen Zwiebeln werden im Schweineschmalz glasig gedünstet. Die Schweineschulter wird zusammen mit der Leber einmal durch die feine Scheibe des Fleischwolfs gedreht, Salz, Pfeffer, Majoran, Thymian und das Wasser hinzugesetzt. Alles wird gut miteinander verknetet und das fertige Brät wie beschrieben in Därme abgefüllt.

Mit dieser Leber-Bratwurst habe ich bei all meinen Freunden und Bekannten einen großen Erfolg gehabt. Nicht nur, weil es diese Art von Bratwurst nirgends zu kaufen gibt, sondern weil die ungewohnte Mischung von Bratwurstbrät und Leber zusammen eine pikante Wurst ergibt.

Wenn man einmal angefangen hat, zu experimentieren und gemerkt hat, wieviel Freude es macht, neue Rezepte zu erfinden, kann man schlecht aufhören. Kümmel findet man in manchen alten Metzgerrezeptbüchern als Gewürz für bestimmte Bratwurstarten. Bier und Kümmel zusammen, so dachte ich, dürfte eigentlich gar keine so schlechte Kombination sein.

Bratwurst mit Kümmel und Bier

1 kg Schweineschulter ohne Schwarte und Knochen, 1 gehäufter Eßlöffel Kochsalz, 1 gehäufter Teelöffel weißer Pfeffer, 2 gestrichene Teelöffel Kümmelkörner, 2 mittelgroße Zwiebeln und 100 ccm helles Bier

Wie in den anderen Rezepten wird das Fleisch zusammen mit den Zwiebeln einmal durch die feine Scheibe des Fleischwolfs gedreht, mit Salz, Pfeffer und Kümmel gewürzt und das Bier hinzugefügt. Alles wird miteinander gut verknetet und dann in Därme abgefüllt.

Diese Bratwurstart, ebenfalls nirgends zu kaufen, hat all meinen »Testessern« sehr gut geschmeckt. Sie meinten zwar, daß das Aroma vom Kümmel deutlich herauszuschmecken wäre, aber der Geschmack vom Bier wäre verschwunden. Da gibt es allerdings eine ganz einfache Abhilfe. Diese Bratwurst schmeckt nämlich besonders gut zum Bier. Wer also das in der Wurst verarbeitete Bier nicht herausschmeckt, kann sich gerne zum Essen ein Glas dazu eingießen.

»Wein auf Bier, das rat' ich Dir«, lautet ein altes Sprichwort. Aus diesem Grunde habe ich auch das nun folgende Rezept als nächstes, nach dem Bierrezept, probiert.

Bratwurst mit Weißwein und Zitronenschale

Für dieses Rezept sollten Sie sich unbedingt unbehandelte, ungespritzte Zitronen besorgen. Wenn Sie diese naturbelassenen Zitronen nicht in Ihrem Lebensmittelgeschäft oder auf dem Markt erhalten können, bekommen Sie sie bestimmt im nächstgelegenen Reformhaus.

1 kg Schweineschulter ohne Schwarte und Knochen, 1 gehäufter Eßlöffel Kochsalz, 1 gehäufter Teelöffel weißer Pfeffer, die abgeriebene Schale einer halben, unbehandelten Zitrone, 100 ccm trockener Weißwein

Das Fleisch wird einmal durch die feine Scheibe des Fleischwolfs gedreht, mit den Gewürzen, der abgeriebenen Zitronenschale und dem Wein gut verknetet und wie üblich in Därme abgefüllt.
Bei diesem Rezept kann es unter Umständen passieren, daß der Zitronengeschmack ein wenig zu intensiv wird. Das mag daran liegen, daß Zitronen nun einmal in unterschiedlicher Größe verkauft werden. Gehen Sie also davon aus, daß für unsere Zwecke die abgeriebene Schale einer kleinen Zitrone völlig ausreicht. Wenn Sie eine größere Frucht bekommen haben, nehmen Sie bitte entsprechend weniger zum Würzen.

Die Schweizer sind ein glückliches Volk, leben sie doch in einem Land, in dem Milch und Sahne fließen. Vieles, was von dort auf unseren Tisch kommt, verdankt seinen guten Ruf der Schweizer Alpenmilch: Schokolade zum Beispiel und der Schweizer Käse. Aber auch mit ihrem Rindfleisch wissen die Schweizer eine ganze Menge anzufangen. Denken Sie nur an das köstliche Bündnerfleisch, das im Graubündner Land außen an den Bauernhäusern in der frischen Luft trocknet und sein ganz spezielles Aroma bekommt. Vielleicht kennen Sie auch das berühmte »Zürcher Geschnetzelte«, ein Gericht, in dem sich gutes Fleisch und Alpensahne vereinigen und eine köstliche Soße erzeugen. Die Alpenmilch finden wir in einem anderen Fleischerzeugnis wieder, der

Zürcher Milchbratwurst

In der Beschreibung in einem älteren Metzgerrezeptbuch ist die Rede von »guter Vollmilch«; wir können also getrost diese feine Bratwurst auch mit unserer Milch herstellen. Nur sollte es Vollmilch sein, keine entrahmte mit niedrigem Fettgehalt.

1 kg Schweineschulter ohne Schwarte und Knochen, 1 Eßlöffel Salz, 1 Teelöffel weißer Pfeffer, ½ gestrichener Teelöffel Ingwer, 1 Messerspitze Kardamom, ¼ l abgekochte, erkaltete Vollmilch, 2 Eier

Ich habe die Erfahrung gemacht, daß es mühsam ist, in die feinpürierte Fleischfüllung nachträglich die Eier einzuarbeiten. Leichter geht es, wenn man die Eier mit der erkalteten Milch verquirlt und sie so bei der Verarbeitung in der Moulinette nach und nach zusetzt.

Das Fleisch wird wie üblich einmal durch die feine Scheibe des Fleischwolfs gedreht, mit den Gewürzen vermengt und dann in der Moulinette fein weiterverarbeitet. Ich empfehle dabei folgendes Verfahren: Geben Sie in die Moulinette jeweils nicht mehr als drei Eßlöffel von der durchgedrehten Fleischmasse. Lassen Sie die Moulinette nur kurz anlaufen, öffnen den Deckel und geben dann einen Eßlöffel Milch hinzu. Setzen Sie den Deckel wieder auf und pürieren Sie weiter, bis aus dem Fleisch eine feine, geschmeidige Masse geworden ist. Dieses feine Brät wird wie üblich in Därme abgefüllt und entweder frisch gebraten oder sofort eingefroren.

Da wir schon einmal in der Schweiz sind, bleiben wir noch ein wenig dort, zumindest für das nächste Rezept. Ausnahmsweise verwenden wir hierbei einmal nicht die sonst übliche Schweineschulter, sondern Kalbfleisch, genauer gesagt recht preiswerte Kalbsbrust. Beachten Sie aber, daß der Fettanteil auch hier ein Viertel nicht überschreiten darf. Also – ein etwas mageres Stück aussuchen für unsere

Schweizer Kalbs-Bratwurst

1 kg Kalbsbrust ohne Knochen, 1 gestrichener Eßlöffel Salz, 1 gestrichener Teelöffel weißer Pfeffer, ½ gestrichener Teelöffel Ingwer, ¼ l gekochte, abgekühlte Vollmilch, 2 Eier

Das Fleisch wird einmal durch die feine Scheibe des Fleischwolfs gedreht und mit den Gewürzen gut verknetet.
Die Eier mit der erkalteten Milch gut verquirlen, das Fleisch portionsweise in der Moulinette fein pürieren, dabei die Milch nach und nach – wie im vorigen Rezept angegeben – zugeben. In Därme abfüllen und entweder frisch braten oder auf Vorrat einfrieren.

Wir brauchen gar nicht erst über die Grenze in die Schweiz zu schauen, auch im Süden unseres eigenen Landes finden sich ein paar schmackhafte Rezepte. In Bayern weiß man eine gute, kräftige Küche zu schätzen, und was wäre dort eine zünftige Brotzeit ohne all die herrlichen Dinge, die bayerische Metzger auf den Tisch zu zaubern wissen. Weißwurst und Leberkäs, Preßsack und Regensburger Würstchen und – nicht zu vergessen – die berühmten Nürnberger Rostbratwürstchen. In ihrer ursprünglichen Form lassen sie sich, wie schon erwähnt, nur sehr schwer selbst herstellen. Das soll uns aber nicht davon abhalten, sie in etwas abgewandelter Form auf den Tisch zu bringen, nämlich als

Nürnberger Bratwurst

750 g mageres Schweinefleisch, 250 g fester, fetter Speck, 1 Eßlöffel Salz, 1 Teelöffel weißer Pfeffer, 1 Teelöffel getrockneter Majoran, 1 Teelöffel Maggiwürze (flüssig), 1 Eßlöffel gehackte Petersilie, 100 ccm Wasser

Das Fleisch wird einmal durch die grobe Scheibe des Fleischwolfs gedreht und das Wasser hinzugefügt. Den Speck drehen wir, ebenfalls einmal, durch die feine Scheibe des Fleischwolfs und vermengen ihn mit dem Fleisch. Mit den Gewürzen und der Petersilie wird alles gut gemischt und locker in Därme abgefüllt. Diese Bratwurst sollte vor dem Braten kurz in heißem Wasser angebrüht werden.

Eine andere bayerische Spezialität sind die Geschwollenen, auch geschlagene Wollwürste oder »Nakkerte« genannt. Die letztere, zugegeben etwas ungewöhnliche Bezeichnung kommt daher, weil diese Bratwurst ohne Darm hergestellt wird. Grundsubstanz dieser Wurst ist Kalbfleisch, es sollte etwas durchwachsen, aber nicht zu fett sein. Probieren Sie einmal die auf meine Art hergestellte

Geschwollene

1 kg durchwachsenes Kalbfleisch, 1 Eßlöffel Salz, 1 Teelöffel weißer Pfeffer, ½ gestrichener Teelöffel Ingwer, etwas abgeriebene Schale einer unbehandelten Zitrone, 100 ccm gekochte, abgekühlte Milch, 2 Eier, eventuell etwas Weizenmehl

Das Fleisch einmal durch die feine Scheibe des Fleischwolfs drehen, mit Salz, Pfeffer, Ingwer und der Zitronenschale würzen. Die Eier mit der Milch verquirlen. Das Fleisch portionsweise in der Moulinette pürieren, dabei zu jeweils drei Eßlöffeln Fleisch einen, höchstens anderthalb Eßlöffel Milch geben, damit das Fleisch fein gehackt wird. Lesen Sie bitte am Anfang unseres Rezeptteils bei der frischen, feinen Streichmettwurst nach, warum die Feuchtigkeit beim Pürieren so wichtig ist.
Sollte Ihnen das Brät nicht fest genug erscheinen, stäuben Sie ganz leicht ein wenig Weizenmehl darüber und arbeiten es gründlich ein.
Sie können diese Wurst mit dem Fleischwolf und dem dazugehörigen Füllrohr herstellen, indem Sie das Brät in einem langen Strang auf ein größeres Küchenbrett spritzen und die so entstandene Rolle mit einem scharfen Messer in ca. 15 cm lange Stücke teilen.
Es geht aber genausogut von Hand. Formen Sie auf dem Küchenbrett eine Rolle in Würstchenstärke und schneiden Sie entsprechende Längen ab.
Anschließend werden die Würstchen fünf Minuten in heißem, aber nicht kochendem Wasser gebrüht und entweder frisch gebraten oder paarweise sofort eingefroren.

Zum Schluß unserer Bratwurstrezepte möchte ich Sie zu einem Experiment ermuntern. Wenn Sie bis hierher vielleicht noch nicht alle, aber zumindest einen Teil der Bratwürste ausprobiert haben, sind Sie schon so sicher und erfahren geworden, um die

Mittelalter-Bratwurst

herzustellen – was sage ich da, zu komponieren! Das wird dann Ihr ganz persönliches, eigenes Rezept. Wie üblich nehmen wir ein Kilo Schweineschulter ohne Schwarten und Knochen. Auch die Grundwürzung von einem Eßlöffel Salz und einem Teelöffel Pfeffer sollten Sie beibehalten. Die restliche Würzung bleibt Ihrer Phantasie und Ihrem Geschmack überlassen. Welche Gewürze früher verwendet wurden, unter denen Sie nach Belieben auswählen können, entnehmen Sie am besten der überlieferten Beschreibung dieser Wurstart. Das liest sich dann so:

»Man hacket das Fleisch gar klein, und salzet es wohl, tut hernach klein gestoßenen Zimmet, Nelken, Muskatennüsse, Muskatenblumen, und gröblich zerstoßenen Pfeffer, wie auch würflich geschnittenen Speck dazu, mischet es wohl untereinander, benetzet es mit Wein und füllet es in die Bratwurst-Därme, daß kein leerer Ort bleibe.
Wenn Sie feste eingefüllet, bindet man sie hernach zu und hanget sie auf, daß sie trocknen. Man kann auch unter die Würze Kardamomen, Roßmarien und Majoran nehmen.«

Ich bin überzeugt, daß Sie unter den angegebenen Gewürzen bestimmt eine interessante Mischung für Ihren persönlichen Geschmack finden werden. Notieren Sie sich aber die einmal verwendeten Gewürze. Es wäre wirklich sehr ärgerlich, wenn Sie auf diese Art durch das Experimentieren eine völlig ungewohnte Würzvariante finden würden und sie dann nicht wiederholen könnten.

Kochwürste

Zu den Kochwürsten zählen, wohl als die bekanntesten, Leber- und Blutwürste, Sülzwürste und Schwartenmagen. Im Prinzip bestehen sie, daher auch ihr Name, aus vorgekochten Zutaten. Aber zum Beispiel bei Blutwurst werden das Blut und die in der Wurstmasse enthaltenen Speckwürfel ungekocht verarbeitet. Um einige Leberwurstsorten schnittfest zu bekommen, wird die rohe Leber dem gekochten Fleisch zerkleinert zugesetzt. Das in der Leber enthaltene Eiweiß und das Blut wird dann beim anschließenden Brühen der Wurst oder dem Einkochen in Gläsern fest und macht die Wurst schnittfähig.

Übrigens ist in diesem Zusammenhang etwas recht Interessantes zu erwähnen: In den entsprechenden Vorschriften für Metzger steht wörtlich: »Sofern Kochstreichwürste über 10 Prozent Leber enthalten, handelt es sich um ›Leberwürste‹.« In unseren Rezepten allerdings sind in jedem Fall ca. 30 Prozent Leber enthalten, und das merken Sie eben auch am Geschmack.

Kochwürste werden nach Fertigstellung der Wurstmasse noch einmal gebrüht oder im Einmachglas sterilisiert, obwohl die Zutaten meist bereits gekocht, also gar sind. Das hat einen ganz bestimmten Grund, und die Erklärung ergibt sich schon daraus, daß wir bei den Einmachgläsern bewußt vom »Sterilisieren« sprechen. Das Fleisch ist nämlich durch das Kochen praktisch keimfrei geworden. Bei der Weiterverarbeitung aber schleichen sich wieder Bakterien ein, die Verderb und Fäulnis verursachen oder fördern, das läßt sich gar nicht vermeiden. Sie lauern überall, in der Luft, an unseren Messern, Löffeln und Geräten und nicht zuletzt an unseren Händen. Auch wenn wir sie vor und während der Arbeit gewaschen haben, nehmen sie aus der Luft wieder Keime auf. Und das Handtuch ist ja auch nicht keimfrei, an dem wir sie abtrocknen. Wer von uns macht denn Wurst in einem keimfreien Operationssaal; wir haben schließlich eine ganz normale Küche.

Zum Aufbewahren und Konservieren von Kochwurst eignet sich in jedem Fall für unsere Zwecke das Einmachglas am besten. Glas ist hygienisch sauber und hält – sofern man die Wurst richtig einkocht – Keime und Bakterien ab. Es ist ja luftdicht verschlossen. Dadurch läßt sich unsere Wurst lange (mindestens 6 Monate) unbeschadet aufbewahren. Und das hat einen weiteren Vorteil: Sie würden wahrscheinlich sehr schnell die Lust am Wurstmachen verlieren, wenn Sie für den augenblicklichen Bedarf nur so kleine Mengen produzieren, daß Ihnen nichts verdirbt. Es ist erstens sehr schwierig, so kleine Mengen exakt zu würzen, und zweitens auch sehr arbeitsaufwendig, die Geräte anschließend gründlich zu säubern. Sie merken das spätestens, wenn Sie Messer, Gabel und Löffel nach dem Zubereiten der Wurst gespült, den Fleischwolf oder die Moulinette zerlegt, gesäubert und wieder zusammengesetzt haben. Und das alles für ein Pfund Wurstmasse. Da dauert das Spülen länger als das ganze Wurstmachen und verdirbt einem den Spaß. Es lohnt sich wirklich erst ab einem Kilo Wurstmasse.

Aber, Hand aufs Herz, möchten Sie mehrere Tage hintereinander morgens und abends immer wieder die gleiche Wurst essen, nur weil sie verzehrt werden muß? Da hört irgendwann die Freude an der selbstgemachten Wurst auf, sie hängt einem – wie es so schön heißt – zum Halse heraus. Also bietet sich an, den größeren Teil zu konservieren und später zu verbrauchen, und dafür sind Einmachgläser ideal. In unserem Kapitel »Kochwürste« werden Sie übrigens genügend verschiedene Rezepte finden, so daß Sie immer wieder mal die Sorte wechseln können.

Eine andere Möglichkeit bieten Wursthüllen aus Zellophan. Für all diejenigen unter Ihnen, für die sich der Begriff »Wurst« mit der typischen Form verbindet und die Würste in Gläsern eher als »Eingemachtes« betrachten: Zellophandärme sind nicht so luftdicht wie Konservengläser, aber geeigneter als Naturdärme für ein längeres Aufbewahren. So lassen sich zum Beispiel streichfähige Leberwürste, Grützwurst, Schwartenmagen oder Sülzwurst gut in kleine Zellophandärme abfüllen und auf Vorrat im Gefrierschrank aufbewahren. Diese kleinen Wursthüllen gibt es in 20 cm Länge und 42 mm Kaliber (Durchmesser). Sie kennen sie bestimmt von gekauften Streichmettwürstchen. Das ist die ideale Portionsgröße.

In die »normal« großen Därme abgefüllt, wie man sie von käuflichen Leberwürsten zum Beispiel kennt (40 cm Länge und 55 mm Durchmesser), teilt man sie am besten. Eine Hälfte zum sofortigen Verbrauch, die andere Hälfte friert man dann ein. Diese Wursthüllen aus Zellophan dürfen aber nicht über 120 Grad Celsius erhitzt werden, weil sie sich sonst verformen und den Inhalt nicht mehr fest umschließen. Die günstigsten Temperaturen gebe ich Ihnen jeweils beim Rezept an.

Schließlich bietet sich dann noch der Naturdarm an. Er schließt nicht so dicht wie ein Zellophandarm und ist vor allen Dingen – weil er ja auch ein tierisches Gewebe ist – genauso anfällig für Verderb und Zersetzung wie der Inhalt. Ich habe aber bei dem Versuch, Leberwurst und Schwartenmagen im Naturdarm einzufrieren, gute Erfahrungen gemacht. Wie bei allen tiefgefrorenen Lebensmitteln üblich, muß einmal aufgetaute Wurst verbraucht werden und darf nicht noch einmal eingefroren werden. Da Naturdärme aber nicht wie Kunstdärme in vorgegebenen Längen hergestellt werden, sondern nach Wunsch verschieden lang abgebunden, füllt man einfach 20 cm kleine Würstchen ab. So erhält man wieder die gewünschte Portion, die bequem zu verbrauchen ist.

Einmachgläser und die dazu passenden Gummiringe und Metallklammern erhält man in Kaufhäusern und Fachgeschäften für Haushaltsbedarf. Am besten kauft man sie im Sommer, zur Haupt-Einmachzeit. Außerhalb der Saison bekommt man sie weniger, weil der Bestand ausverkauft ist und Restbestände oft nicht vorhanden sind.

Für einen kleinen Haushalt und entsprechend kleine Verbrauchsmengen empfehle ich Ihnen sogenannte *Sturzgläser* mit Vakuumverschluß. Das sind kleine Gläschen mit ungefähr 125 Gramm Inhalt, oben weiter und nach unten etwas schmaler zulaufend, die einen Schraubdeckel mit Dichtung haben. Diese Deckel sind ähnlich wie die auf gekauften Marmeladengläsern und schließen beim Sterilisieren das Glas luftdicht ab. Die Deckel sind zwei- bis dreimal verwendbar. Gläser und Deckel (auch Einzeldeckel als Ersatz) erhalten Sie in Metzgereibedarfsgeschäften, die in größeren Städten meist in unmittelbarer Nähe der Schlachthöfe zu finden sind.

Ebenfalls sehr praktisch sind die sogenannten *Parfait-Gläser,* die Sie in Kaufhäusern und größeren Fachgeschäften für Haushaltswaren bekommen. Sie haben ca. 200 Gramm Inhalt und auch die Sturzglasform. Diese Gläser werden wie üblich mit einem Gummiring abgedichtet und einem Schnappverschluß aus starkem Draht verschlossen. Diese Form bietet den Vorteil, daß in ihnen eingemachte, festkochende Wurstarten, wie Kochmett, Schwartenmagen, Corned beef und Sülzwurst, bequem zu entnehmen sind. Nach dem Öffnen der Gläser führt man ein spitzes Messer einmal um den Innenrand des Glases, um die Wurstmasse vom Rand zu lösen, taucht das Glas kurz in warmes Wasser und stürzt die Wurst als Ganzes auf einen Teller. Sollte sie eventuell noch etwas am Boden anhaften, sticht man in der Mitte der Wurstmasse mit einer Gabel ein und hilft etwas nach, dann klappt es. Anschließend können Sie mit einem möglichst scharfen Messer die Wurst in Scheiben teilen.

Die normalen Einmachgläser, deren oberer Rand sich ähnlich wie bei einem Flaschenhals wieder etwas verengt, sind für festkochende Würste nicht geeignet, weil man sie nicht herausbekommt. Man müßte mit dem Messer im Glas herumbohren und die Wurst in Brocken herausfischen.

Für Streichwürste allerdings, wie Leberwurst, gekochte Streichmettwurst oder Rillettes (für die Sie das Rezept am Ende des Buches finden), lassen sie sich gut verwenden. Es gibt diese Gläser in ½-, ¾- und 1-Liter-Größen, auch mit Gummiring und Schnappverschluß. Ich selbst habe für meine Streichkochwürste mit Erfolg eine neue Glasart ausprobiert, die unter dem Namen »Einkochspaß« von Leifheit hergestellt wird. Das sind Gläser, die durch einen Metalldeckel mit Dichtung verschlossen werden; der Deckel wird mit einem Drehring, der einen überstehenden Rand hat, auf dem Glas festgehalten. Glas und Ring sind immer wieder verwendbar, die Deckel nachzukaufen. Durch die spezielle Form passen mehr Gläser zum Einkochen in den Kochtopf als von den normalen runden. Da auch die Spannklammer für den Glasdeckel wegfällt, kann man in einem hohen Topf mehrere Gläser gleichzeitig auch übereinanderstellen. Das spart Strom oder Gas, weil man in einem Arbeitsgang mehrere Gläser verarbeiten kann. Was auch wichtig ist: Man spart sich den Ärger mit Dekkelklammern und Gummiringen, die gerade dann brüchig werden, wenn man sie braucht und kein Ersatz im Hause ist.

Für das Einmachen selbst gibt's verschiedene Methoden: im normalen Kochtopf, im Schnellkoch- oder Dampfdrucktopf, im speziellen Einmachtopf oder im Backofen.

Den Schnellkoch- und Einmachtöpfen liegen Gebrauchsanweisungen bei. Im gewöhnlichen Kochtopf füllt man das Wasser bis auf Höhe des Füllgutes ein (normal große Gläser sollen höchstens bis zwei Finger breit unter den Rand gefüllt werden, bei den erwähnten kleinen Gläsern entsprechend). Das Wasser nicht sprudelnd kochen lassen, sondern nur leicht wallend. Bei den kleinen Gläsern reicht eine Stunde Kochzeit, bei größeren Gläsern von ¾ oder 1 Liter Inhalt 1½ bis 2 Stunden. Kochmett, das roh eingefüllt wird, braucht aber bestimmt zwei Stunden, weil es ja im Glas nicht nur sterilisiert, sondern auch gegart wird.

Im Backofen stellt man die Gläser in die Fettpfanne, die zwei Finger hoch mit Wasser gefüllt wird, und kocht bei ca. 120 °C zwei Stunden. Die Kochzeit rechnet von dem Zeitpunkt an, an dem der Backofen die nötige Temperatur erreicht hat. Beim Elektroherd zeigt das Erlöschen der Kontrollampe diesen Zeitpunkt an, beim Gasherd entnehmen Sie die nötigen Angaben über das Einkochen bitte der Gebrauchsanweisung.

Die Einmachgläser lassen wir im Wasser oder im Backofen erkalten, die Würste im Darm werden nach einer Stunde Sterilisieren in lauwarmes Wasser gelegt und sollten dort abkühlen.

Wenn Sie die 40 cm langen Zellophandärme für größere Würste verwenden, werden Sie sie kaum im Kochtopf unterbringen können. Ein sogenannter Bräter tut hier gute Dienste, weil Sie die Würste hier bequem einlegen können. Kontrollieren Sie aber hierbei bitte die notwendige Wassertemperatur mit einem Einkochthermometer.

Und noch ein Tip, bevor wir uns in den Rezeptteil stürzen: Überall dort, wo Schweinebauch ohne Schwarte gebraucht wird oder Schweineschulter, von der die Schwarte auch entfernt wird, nichts wegwerfen!

Bewahren Sie sowohl Schwarten als auch die Kochbrühe vom Fleisch im Tiefkühlschrank auf. Beides verwenden wir dann für den Schwartenmagen.

Noch etwas: Sie werden feststellen, daß unsere selbstgemachten Würste anders schmecken als die vom Metzger. Das hat bei den Leberwürsten den Grund, daß wir einen höheren Leberanteil verwenden

und die Wurst wirklich angenehm intensiv danach schmeckt. Bei den anderen Würsten liegt es daran, daß sie wirklich »Hausmacher«-Rezepte sind, wie sie bei vielen Familien – besonders auf dem Land – benutzt wurden. Und die stellt der Metzger einfach nicht her!

Zu den geradezu klassischen Kochwurstarten gehören Blut- und Leberwürste. Blutwurstrezepte möchte ich Ihnen mit voller Absicht und aus guten Gründen in diesem Buch nicht geben. Der erste Grund ist wohl einleuchtend: Wo soll man frisches Schweineblut herbekommen? Sicher wäre das möglich, wenn man in einer Großstadt und dazu noch in der Nähe eines Schlachthofes wohnt. Aber das trifft wohl sicher auf die wenigsten von Ihnen zu. Auch wenn man auf dem Lande wohnt und einen Metzger in der Nähe weiß, der noch selbst schlachtet, hätte man wahrscheinlich keine Schwierigkeiten. Blut zum Wurstmachen muß nämlich frisch verarbeitet werden und darf nicht gerinnen.
Der zweite Grund ist der, daß es vielen Menschen ein unangenehmer Gedanke ist, mit den Händen im Blut herumzukneten. Schließlich sind wir keine professionellen Metzger (und wollen es auch gar nicht sein), die das gewöhnt sind.
Die anderen »Klassiker«, nämlich die Leberwürste, machen uns weit weniger Schwierigkeiten, und zusammen mit den anderen Kochwurstarten haben wir ohnehin eine reiche Auswahl für unser Hausmacher-Sortiment.

Überlegen Sie sich bitte vorher, wie Sie Ihre Leberwurst abfüllen wollen. Entscheiden Sie sich für Naturdarm, besorgen Sie sich sogenannte Kranzdärme im Fachgeschäft. Ansonsten kaufen Sie Zellophandärme oder Einmachgläser.
Einmachgläser und Gummiringe mit kochendem Wasser reinigen und abtropfen lassen. Nicht mit einem Geschirrtuch trocknen, es hinterläßt unter Umständen Fusseln im Glas.
Entscheiden Sie auch, ob Sie auf das Pökeln verzichten wollen. Wurst aus ungepökelten Zutaten wird grau beziehungsweise graubraun. Erst die Verwendung von Nitritpökelsalz gibt ihr die rosa Farbe. Sollten Sie darauf Wert legen, geben Sie 100 Gramm Pökelsalz in einen Liter Wasser und legen Sie das Fleisch und die Leber ½ bis 1 Tag darin ein. Spülen Sie aber vor dem Verarbeiten Fleisch und Leber gut ab. Der größte Teil des Pökelsalzes wird dabei entfernt.

Beginnen wir mit dem leichtesten Rezept, der

Leberwurst einfach

700 g durchwachsener Schweinebauch ohne Knochen und Schwarte, 300 g Schweineleber (gepökelt oder ungepökelt), 1 Eßlöffel Salz, 1 Teelöffel weißer Pfeffer, 1 gestrichener Teelöffel Muskat, 1 gestrichener Teelöffel getrockneter Majoran, 1 große Zwiebel, 1 Eßlöffel Schweineschmalz

Soll die Wurst streichfähig sein, wird die Leber gebrüht. Verwenden Sie die Leber roh, gerät die Wurst fester. Das Fleisch wird von der Schwarte befreit (aufbewahren!), in Würfel geschnitten, im Kochtopf gerade mit Wasser bedeckt in ca. 1½ Stunden weichgekocht. Im Schnellkochtopf geht das innerhalb von ungefähr 20 Minuten. Die Leber ebenfalls würfeln. Entweder in den letzten 5 Minuten der Kochzeit bei bereits abgeschalteter Kochplatte 5 Minuten brühen oder ungebrüht weiterverwenden.
Die Zwiebel in dem Schweineschmalz andünsten. Das gekochte Fleisch, die Leber und die Zwiebel einmal durch die feine Scheibe des Fleischwolfes drehen (wird sie feiner gewünscht, zweimal) und alles mit den Gewürzen gut vermischen. Die Wurstmasse entweder in Einmachgläser oder Därme abfüllen. Gläser schließen und wie beschrieben einkochen.
Vom Kranzdarm etwa 80 cm abschneiden, gut wässern (2 bis 3 Stunden), dabei mehrmals durchspülen. Das sollte wegen der benötigten Zeit der erste Arbeitsgang sein. Wie bei den Bratwürsten beschrieben den Darm auf den Wurstfüller aufziehen und, wenn die Wurstmasse aus dem Wurstfüller austritt, den Anfang abbinden. Dann die Wurst nicht zu fest füllen. Das gilt vor allen Dingen, wenn Sie rohe Leber verwenden, denn die Wurstmasse dehnt sich beim Brühen etwas aus.
Entweder in einzelne Würste von ca. 20 cm abbinden (mit Wurstschnur) oder den ganzen Darm füllen. Die Wurst rundet sich dann fast von allein zum Kranz. Das Ende abbinden, die Schnüre miteinander verknoten, so daß ein geschlossener Ring entsteht.
Bei 80 °C Wassertemperatur eine Stunde brühen. Es empfiehlt sich, Kochwürste im Naturdarm in der Brühe weiterzuverarbeiten, in der das Fleisch gegart wurde. In klarem Wasser gebrüht, geben sie nämlich durch den etwas porösen Darm immer etwas Fett und Würze ab. Die Kochbrühe nicht fortgießen, sondern abgekühlt im Tiefkühlbeutel einfrieren oder gleich zum Schwartenmagen weiterverwenden. Diese Hinweise gelten auch für alle anderen Arten, wie zum Beispiel für

Leberwurst mit Einlage
Diese Wurst kommt am ehesten dem nahe, was in Landgasthäusern als »Hausmacherart« angeboten wird – deftig und kräftig. Wegen der Einlagen sollte sie schnittfest sein, das ergibt dann ein schönes Schnittbild. Um das zu erreichen, wird bei diesem Rezept die Leber roh verarbeitet und die Hälfte des Schweinebauchs durch magere Schweineschulter ersetzt.

350 g durchwachsener Schweinebauch ohne Schwarte und Knochen, 350 g Schweineschulter (ebenfalls ohne Schwarten und Knochen), Schwarten aufbewahren!
300 g Schweineleber, 1 Eßlöffel Salz, 1 Teelöffel weißer Pfeffer, je 1 Teelöffel Majoran und Thymian, 1 gestrichener Teelöffel Muskat, 1 große Zwiebel, 1 Eßlöffel Schweineschmalz, 100 g Speckwürfel

Die Zwiebeln in Ringe schneiden und im Schweineschmalz glasig dünsten. Das Fleisch ungepökelt in Würfel schneiden, im Kochtopf weichkochen.
Fetten, ungeräucherten, möglichst festen Speck in ½ cm große Würfel schneiden. Die eine Hälfte der Leber brühen und in 1 cm große Würfel teilen. Das Fleisch mit den angedünsteten Zwiebeln und der ungebrühten Hälfte der Leber einmal durch die feine Scheibe des Fleischwolfs drehen und mit den Gewürzen gründlich vermischen. Die Speck- und Leberwürfel gut hineinkneten. Wie beschrieben in Einmachgläser oder Därme abfüllen und sterilisieren. Kochbrühe aufbewahren.

Im Geschmack kräftig ist die

Kräuter-Leberwurst
Diese Sorte kommt der berühmten Pfälzer Leberwurst sehr nahe. In den Originalangaben der Metzgerrezeptbücher ist für die Pfälzer nur Majoran angegeben. Wer aber in der Pfalz einmal hausgemachte Leberwurst nach Familienrezept gegessen hat, weiß, daß da schon ein bißchen mehr drin sein darf. Frische Kräuter wären natürlich ideal, aber wenn Sie diese Wurst im Winterhalbjahr herstellen wollen, können Sie auch getrocknete Kräuter benutzen, die Sie vorher in etwas lauwarmes Wasser einweichen.

700 g Schweinebauch ohne Knochen und Schwarte, 300 g Leber (roh verarbeiten), 1 große Zwiebel, 1 Eßlöffel Schweineschmalz, 1 Eßlöffel Salz, 1 Teelöffel weißer Pfeffer, je 1 gehäufter Eßlöffel frischer (oder ein gestrichener Teelöffel getrockneter) Kräuter: Petersilie, Majoran und Thymian, 1 Teelöffel frischer (oder 1 Teelöffelspitze getrockneter) Liebstöckel, etwas Selleriegrün (wenn jahreszeitlich vorhanden) und der feingeschnittene weiße Teil einer Porreestange

Das ungepökelte Fleisch würfeln, weichkochen, die Zwiebel in Scheiben geschnitten im Schmalz glasig dünsten. Fleisch mit der Zwiebel und der rohen Leber einmal durch die feine Scheibe des Fleischwolfs drehen, mit den Gewürzen und den feingehackten Kräutern gut durchmischen. In Gläser oder in Kranzdärme abfüllen und wie beschrieben sterilisieren.

Wer nicht so viel Grünes in seiner Wurst haben möchte, kann es ja einmal mit der

Pfeffer-Leberwurst

versuchen. Die frischen grünen, in kleinen Gläsern eingelegten Pfefferkörner geben dieser feinen Streichleberwurst ein besonders pikantes Aroma.

700 g Schweinebauch ohne Knochen und Schwarte, 300 g Schweineleber, 1 Eßlöffel Salz, 1 Teelöffel weißer Pfeffer, 1 gestrichener Teelöffel Muskat, 1 Teelöffelspitze Nelkenpulver, eingelegter grüner Pfeffer

Das Fleisch in Würfel schneiden und weichkochen. Die Leber ebenfalls würfeln und, nachdem das Fleisch gar ist, bei abgeschaltetem Herd im nicht mehr kochenden Wasser 5 Minuten brühen. Fleisch und Leber zweimal durch die feine Scheibe des Fleischwolfs drehen, mit den Gewürzen und den nach Belieben zugegebenen grünen Pfefferkörnern gut mischen, in Einmachgläser oder Därme abfüllen und sterilisieren.

Für unser nächstes Rezept sollten Sie eine Moulinette (oder ähnliches Gerät) benutzen, dann erhalten Sie die

Feine Leberwurst

700 g nicht zu magerer Schweinebauch ohne Schwarte und Knochen, 300 g Schweineleber, 1 Eßlöffel Salz, 1 Teelöffel weißer Pfeffer, 1 gestrichener Teelöffel Muskat, 1 gestrichener Teelöffel Nelkenpulver, ½ gestrichener Teelöffel Ingwer, 1 gestrichener Teelöffel Vanillezucker

Fleisch würfeln (gepökelt oder ungepökelt) und weichkochen, den Herd abschalten und im nicht mehr kochenden Wasser die ebenfalls gewürfelte Leber 5 Minuten brühen.
Fleisch und Leber zusammen jeweils portionsweise in der Moulinette fein pürieren. Dabei fettes und mageres Fleisch gut mischen, damit durch das anteilige Fett die Masse geschmeidig wird. Eventuell vorsichtig etwas Kochbrühe teelöffelweise zusetzen. Mit den Gewürzen gut mischen und in Därme oder Gläser einfüllen und sterilisieren.

Mögen Sie es besonders fein, sollten Sie einmal die

Kalbsleberwurst mit Sahne

probieren. Die meisten Käufer sind übrigens der irrigen Meinung, wenn sie diese Sorte beim Metzger kaufen, daß in dieser Wurst wirklich Kalbsleber enthalten ist. Weit gefehlt! Die Qualitätsrichtlinien verlangen zwar, daß Kalbfleisch enthalten sein muß, im übrigen wird Schweineleber verwendet. Die Wurst würde auch erheblich teurer werden, denn Kalbsleber ist drei- bis viermal teurer als die vom Schwein.

350 g Schweinebauch ohne Schwarte und Knochen, 350 g Kalbsbrust ohne Knochen (nicht zu fett), 1 gestrichener Eßlöffel Salz, 1 gestrichener Teelöffel weißer Pfeffer, je 1 gestrichener Teelöffel Majoran und Thymian, je 1 Teelöffelspitze Muskat, Nelkenpulver, Ingwerpulver und 1 schwach gestrichener Teelöffel Vanillezucker, 100 ccm süße Sahne, eventuell etwas Kochbrühe

Das Fleisch in kleine Würfel schneiden und weichkochen. Ebenfalls kleingewürfelte Leber am Ende der Kochzeit brühen. Fleisch und Leber zusammen portionsweise warm in der Moulinette pürieren, dabei fettes und mageres Fleisch gut mischen. So wird die Masse geschmeidiger. Die pürierte Wurstfülle mit den Gewürzen und der Sahne gut durchkneten, in Därme oder Gläser füllen und sterilisieren.

Wenn Sie bei unseren Leberwurstrezepten auf die »schöne« rosa Färbung doch nicht verzichten wollen, gebe ich Ihnen einen Tip: Nehmen Sie nur die Hälfte des notwendigen Pökelsalzes (also 50 Gramm) auf einen Liter Wasser, und ersetzen Sie die fehlenden 50 Gramm durch einfaches Kochsalz. Es funktioniert, nur sollten Sie Fleisch und Leber 24 Stunden pökeln.

Streichfähigen Leberwürsten, die im Glas eingekocht werden sollen, können Sie ruhig etwas fette Kochbrühe (also oben abgeschöpft) zusetzen, um sie schön geschmeidig zu bekommen. Beim Abfüllen in Därme möchte ich bei diesem Verfahren zur Vorsicht raten. Mit dem handbetriebenen Fleischwolf geht es noch einigermaßen. Man kann in der relativ weiten Öffnung dieses Gerätes die Wurstmasse mit den Fingern oder einem kleinen hölzernen Quirl nachschieben.

Die Elektrogeräte haben als Einfüllöffnung über der Transportschnecke eine hohes, enges rundes Rohr mit aufgesetztem Teller. Nachgeschoben wird mit einem runden Plastikstopfer. Ist der Wurstteig zu dünn, quillt er beim Nachstopfen oben wieder heraus. Hier sollte man zu zweit arbeiten. Einer führt den zu füllenden Darm, der andere füllt gleichmäßig nur eßlöffelweise die Wurstmasse nach und stopft vorsichtig, damit nie zu viel Masse im Rohr ist und sie durch den Druck des Stopfers nicht oben wieder herausgequetscht wird. Besser ist, die Wurstfülle etwas fester zu lassen, so daß sie gerade eben noch streichfähig ist.

Wie ich schon erwähnt habe, können Sie bei in Naturdärmen abgefüllten Leberwürsten ein »Auskochen« von Fett und Geschmacksstoffen weitgehend verhindern, wenn Sie die Würste in der Kochbrühe, in der Sie das Fleisch gegart haben, sterilisieren. Normales Wasser, zum Brühen benutzt, entzieht durch die doch etwas poröse Wursthülle immer ein wenig von der Würze und dem Fettanteil der Wurst.

Diese Kochbrühe ist auch eine hervorragende Grundzutat für unser nächstes Rezept.

Bergischer Bauern-Schwartenmagen

1 frisches oder gepökeltes Eisbein, 500 g frische oder gepökelte dicke Schweinerippe, Schwarten und Kochbrühe, die wir von den Leberwurstrezepten aufbewahrt haben, 2 Zwiebeln, weißer Pfeffer, Salz, etwas Muskat

Eisbein und dicke Rippe werden mit den Schwarten in der Kochbrühe weichgekocht. Würzen Sie die Brühe mit Salz und Pfeffer, bevor Sie das Fleisch einlegen. Achtung! Bei Verwendung von gepökeltem Fleisch auf keinen Fall vorher salzen!

Das weichgekochte Fleisch von Knochen und Knorpel befreien und zusammen mit den Schwarten und den Zwiebeln einmal durch die feine Scheibe des Fleischwolfs drehen. Mit einem halben gestrichenen Teelöffel Muskat würzen. So viel Brühe hinzugeben und mit dem durchgedrehten Fleisch vermischen, daß eine geschmeidige Masse entsteht. Wenn nötig, mit etwas Salz und Pfeffer nachwürzen und mit einem Eßlöffel in 40 cm lange Zellophandärme einfüllen, das offene Ende des Darms entweder mit Wurstschnur oder einem Clipser verschließen und bei 80 °C eine Stunde sterilisieren.

Die Schwarte und die Knorpel des Eisbeins enthalten reichlich Gelierstoffe, genauso wie die mitverwendeten frischen Schwarten, die wir

aufbewahrt haben. Damit der Schwartenmagen wirklich schnittfest wird, nur so viel Brühe zum Kochen verwenden, daß dicke Rippe und Schwarten gerade bedeckt sind. Benutzen Sie einen Dampfdrucktopf, wird das Eisbein schön weich, und beim Kochen in einem solchen Topf braucht man sowieso wenig Flüssigkeit. In einem normalen Kochtopf ragt das Eisbein wahrscheinlich etwas aus der Kochbrühe heraus, weil es dicker und höher ist. In dem Fall etwas länger kochen und das Eisbein ein paarmal wenden, damit es von allen Seiten weich wird.
Dieser Schwartenmagen ist eine wahre »Überraschungswurst«, nach meiner Erfahrung schmeckt er nie gleich. Das hat mehrere Gründe: Die Kochbrühe ist mal würziger, mal milder, von gepökeltem Fleisch schmeckt sie anders als von frischem. Haben Sie bei der Leberwurstherstellung die Leber mitgebrüht, ist der Geschmack wieder anders. Zu milde Kochbrühe können Sie mit etwas gekörnter Brühe kräftiger würzen; wenn Sie einen Schuß Essig zugeben, wird der Schwartenmagen leicht pikantsäuerlich. Dann aber bitte Muskat weglassen. Sie sehen, hier können Sie ganz nach persönlichem Geschmack experimentieren.

Ist Kochbrühe übriggeblieben, versuchen Sie doch mal die

Grützwurst

Früher bestand diese Wurst bei ärmeren Bauern wirklich nur aus der allerdings kräftigen und fettigen Wurstbrühe, in die man Buchweizen- oder Weizengrütze einrührte. Mit Pfeffer, Muskat und Majoran gewürzt, wurde dieser Grützebrei in Därme zu Würsten abgefüllt, und sie schmeckten, wieder aufgewärmt, herrlich zu Grünkohl – ein deftiges Winteressen.
Nach dem letzten Krieg gab es die Grützwurst gehaltvoller durch mitgekochtes Kopffleisch, Lungen und Milz. Unsere Wurst ist gewissermaßen »Exportausführung«. Die Zutaten sind übrigens im großen Einkaufszentrum vor den Toren der Stadt sehr billig gekauft worden.

500 g nicht zu mageres Suppenfleisch, 750 g sogenanntes Schweine-Kleinfleisch. (Es kann durch dicke Rippe, Schweineschulter oder Nacken ersetzt werden.) 3 Suppenknochen, 3 Zwiebeln, weißer Pfeffer, eventuell etwas Salz, ½ gestrichener Teelöffel Muskat, 1 gestrichener Teelöffel Majoran, 250 g Weizen- oder Buchweizengrütze, Brühe

Wenn Sie zwei Liter Kochbrühe übrighaben, das Fleisch mit den Knochen darin weichkochen. Ist es etwas weniger (bis zu einem Liter), mit Wasser auffüllen.
Das gekochte Fleisch einmal zusammen mit den Zwiebeln durch die feine Scheibe des Fleischwolfs drehen, inzwischen in der Brühe 250 Gramm Grütze (Weizen- oder

Buchweizen) kochen. Wenn die Grütze andickt, mit Pfeffer, Muskat, Majoran und eventuell etwas Salz würzen. Das durchgedrehte Fleisch hinzugeben, alles gut miteinander mischen und ausquellen lassen.
In Einmachgläser abgefüllt und sterilisiert, erhalten Sie eine ungewöhnliche Streichwurst, die auf Bauernbrot vorzüglich schmeckt.
Im Naturdarm abgefüllt und sterilisiert, friert man sie ein, bis es frischen Grünkohl gibt. Sie schmeckt großartig, brät man sie auf oder erwärmt sie oben auf dem gekochten Grünkohl liegend. Wenn Sie die Zeit nicht abwarten wollen oder können – tiefgekühlten Grünkohl gibt es ja das ganze Jahr über. Aber es ist ein ausgesprochenes Winteressen, im warmen Sommer schmeckt es nicht so gut.

Immer im Glas zubereitet wird das sehr pikante

Kochmett
Sie sollten dafür aber auf alle Fälle die bereits beschriebenen Sturzgläser verwenden. Das Mett gerät nämlich fest, wird am Stück aus dem Glas gelöst und in Scheiben aufgeschnitten.

500 g mageres Schweinefleisch,
500 g mageres Rindfleisch,
1 kg Schweinebauch, 1½ gehäufte Eßlöffel Salz, 1½ gehäufte Teelöffel weißer Pfeffer, je ½ gestrichener Teelöffel Rosenpaprika scharf, Muskatnuß und Piment, ⅛ l Rotwein,
2 Zwiebeln, 1 Knoblauchzehe,
1 Eßlöffel Schweineschmalz

Die Zwiebeln in Ringe schneiden und im Schweineschmalz glasig andünsten. Das Fleisch klein würfeln und mit den Zwiebeln zweimal durch die feine Scheibe des Fleischwolfs drehen. Mit Pfeffer, Salz, den Gewürzen und der zerdrückten oder in der Presse zerquetschten Knoblauchzehe sowie dem Rotwein gut durchkneten.
In ½-Liter-Gläser (Sturzform) bis zwei Finger breit unter den Rand einfüllen, dabei mit einem Löffel sorgfältig im Glas festdrücken. Gläser verschließen und zwei Stunden wie beschrieben einkochen. Gläser im Backofen, Einmachtopf oder Wasserbad auskühlen lassen.

Die »Exportausführung« ist das Kochmett mit einer besonders pikanten Würzung, die

Ingwer-Mettwurst

1 kg Schweineschulter oder -nacken, 1 Eßlöffel Salz, 1 gehäufter Teelöffel weißer Pfeffer, 1 Teelöffel Zitronenschale (von unbehandelten Früchten), 1 Eßlöffel geriebene Ingwerwurzel (im Feinkostgeschäft sind zum Teil frische Ingwerwurzeln zu bekommen), 4 Eßlöffel Sojasoße, 1 Glas trockener Weißwein

Das Fleisch wird zweimal durch die feine Scheibe des Fleischwolfs gedreht, mit Salz, Pfeffer, der geriebenen Ingwerwurzel, der Zitronenschale, der Sojasoße und dem Weißwein verknetet. Die fertige Wurstmasse bis zwei Finger unter den Rand in Sturzgläser einfüllen und mit einem Löffel festdrücken. Gläser schließen und sterilisieren.
Denken Sie daran, daß auch diese Mettwurst unbedingt in Sturzgläser eingekocht werden soll, um sie später bequem entnehmen zu können.

In »Einkochspaß«-Gläsern können Sie dagegen problemlos die

Gekochte Streichmettwurst
einmachen.

500 g Schweineschulter oder Nacken, 500 g Schweinebauch ohne Schwarte und Knochen, 1 Zwiebel, 1 Lorbeerblatt, Salz, weißer Pfeffer, Muskat und Röstzwiebeln (im Lebensmittelgeschäft geröstet zu kaufen), 1 Gläschen Weinbrand oder Rum, eventuell etwas gekörnte Brühe

Fleisch in leicht gesalzenem Wasser mit der Zwiebel und dem Lorbeerblatt weichkochen. Es wird noch warm zweimal durch die feine Scheibe des Fleischwolfs gedreht.
Mit Salz, Pfeffer und etwas Muskat abschmecken und die Röstzwiebeln und den Weinbrand oder Rum hineinkneten. In Gläser füllen und sterilisieren.
Da das gekochte Schweinefleisch recht mild im Geschmack ist, können Sie als zusätzliche Würze etwas gekörnte Brühe in ein wenig heißem Wasser auflösen und hinzusetzen.

Aus im Sonderangebot preiswert gekauftem, magerem Rindergulasch besteht unser

Corned beef
Sie können dafür aber auch sehr gut das magere, tiefrote Fleisch von Rinder-Beinscheiben nehmen.

1 kg mageres Rindfleisch, gepökelt, eventuell etwas Salz, 4 Lorbeerblätter, 2 Zwiebeln, 4 kleine Peperoni (im Glas eingelegt), 16 Blatt (2 Päckchen) weiße Gelatine, ½ l trockenen Rotwein

In einem Liter Wasser 50 Gramm Pökelsalz und 50 Gramm Kochsalz auflösen, das in Würfel geschnittene Fleisch darin 24 Stunden pökeln. Herausnehmen und mit lauwarmem Wasser gut abspülen.
Einen halben Liter Wasser mit dem Rotwein, den Zwiebeln, Lorbeerblättern und entkernten Peperoni aufkochen, das Fleisch hineingeben und weichkochen. Fleisch mit den Zwiebeln und Peperoni einmal durch die grobe Scheibe des Fleischwolfs drehen. Lorbeerblätter aus dem Kochsud entfernen. Da beim Kochen ein Flüssigkeitsverlust entsteht, die Brühe mit Wasser auf einen Liter ergänzen. Die Gelatine nach Gebrauchsanweisung in kaltem Wasser einweichen, ausdrücken und in der warmen Brühe auflösen. Mit dem durchgedrehten Fleisch mischen, eventuell etwas nachsalzen, in Gläser füllen und sterilisieren. Die Gläser im Einkochtopf oder Backofen erkalten lassen.

Ein sehr altes Rezept habe ich bei Freunden in einem alten Kochbuch gefunden, das um die Jahrhundertwende gedruckt worden sein muß. Genau ließ sich das aber nicht mehr feststellen, denn im Laufe der vielen Jahre waren der Einbanddeckel und das Blatt mit Titel und Druckangaben verschwunden. Erhalten blieb glücklicherweise aber das Rezept für die

Schmorwurst im Netz
Es wird ein gereinigtes Schweinenetz benötigt, das Ihnen Ihr Metzger sicher auf Bestellung besorgen kann. Statt Kalbfleisch, wie es im alten Rezept steht, habe ich mageres Schweinefleisch genommen. Mögen Sie keine Nieren, können Sie auch Leber verwenden.

500 g mageres Schweinefleisch (zum Beispiel aus einem Sonderangebot Schnitzel oder Schinkenbraten), 250 g Schweinenieren oder Leber, 2 Eier, 2 in Milch eingeweichte Brötchen, 1 Zwiebel, 1 Knoblauchzehe, Pfeffer, Salz, Majoran und Thymian

Die Nieren waschen, würfeln (beziehungsweise die Leber), in etwas Butter anbraten, mit ein wenig Madeira ablöschen und dünsten.
Das Fleisch mit der Zwiebel, der Knoblauchzehe und den eingeweichten, gut ausgedrückten Brötchen einmal durch die feine Scheibe des Fleischwolfs drehen, mit Salz, Pfeffer, Majoran und etwas Thymian abschmecken, die Eier und die Leber- oder Nierenwürfel unterkneten.
Die Masse in das Schweinenetz fül-

len und zu einer Wurst formen. Wie bei einem Rollbraten mit dünnem Bindfaden jeweils im Abstand von 3 cm umwickeln und verknoten, aber auf keinen Fall einschnüren. In einem Bräter 50 Gramm Butter erhitzen und die Wurst von allen Seiten braun anbraten. Mit etwas Wasser oder Weißwein ablöschen und weitere 45 Minuten braten, dabei immer wieder mit der Flüssigkeit begießen. Anschließend den Bindfaden entfernen.
Diese Wurst schmeckt warm und kalt. Mit Kartoffeln oder Püree und Gemüse ist sie – in Scheiben aufgeschnitten – eine komplette Mahlzeit. Lassen Sie sie erkalten und schneiden Sie sie dann auf, schmeckt sie zum Beispiel hervorragend zu Kartoffelsalat als Abendessen oder Imbiß.

Das nächste Rezept ist für mich ein glattes Abenteuer gewesen. In einer Hausfrauenzeitschrift fand ich ein prachtvolles Foto und dazu ganz unverbindliche Inhaltsangaben für den

Pfälzer Saumagen

Wieviel aber von den Zutaten darin enthalten sein soll und welche Würzung genommen werden sollte – das alles war nicht zu finden. So habe ich dann mit viel Mut und etwas Phantasie »losgewurstelt«.

Vom fertigen Saumagen lassen sich handtellergroße Scheiben schneiden.

500 g gepökelter Schweinebauch (vom Metzger), 500 g Schweineschulter ohne Schwarte und Knochen, 5 Möhren, 5 mittelgroße, festkochende Kartoffeln, 1 zwei Finger dicke Scheibe einer großen Sellerieknolle, der weiße Teil einer großen Porreestange, 3 große Zwiebeln, 1 gestrichener Eßlöffel Salz, 1 Teelöffel weißer Pfeffer, 1 gestrichener Teelöffel Muskat, 1 Teelöffelspitze Piment, 2 Eier, 2 Saumägen, 1 Eßlöffel Schweineschmalz

Den gepökelten Schweinebauch gut unter lauwarmem Wasser abwaschen und zusammen mit der Schulter einmal durch die feine Scheibe des Fleischwolfs drehen. Zwiebeln fein hacken, Porree in dünne Ringe und dann in Streifen schneiden und beides in Schweineschmalz glasig dünsten. Möhren und Sellerie putzen, Kartoffeln schälen, in ganz dünne Stifte schneiden und diese kleinwürfeln.

Das durchgedrehte Fleisch mit Salz, Pfeffer, Muskat, Piment und den Eiern sorgfältig durchkneten, dann das gewürfelte Gemüse, die Kartoffeln, Zwiebeln und den Porree gut einarbeiten.

Ich habe in einem Pfälzer Restaurant in Köln einmal Saumagen gegessen, der in großen Zellophandärmen hergestellt war. Er ließ sich dadurch zwar in schöne, gleichmäßige runde Scheiben schneiden,

Das Gemüse soll möglichst kleingewürfelt werden.

Das durchgedrehte Fleisch, das Gemüse und die Kartoffelwürfel werden gut durchgemischt.

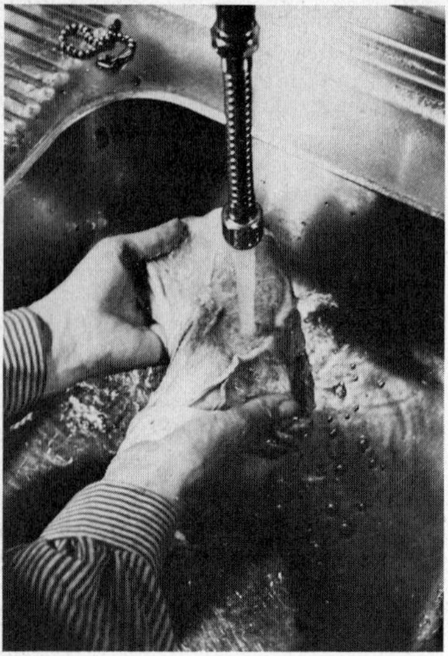

Der Saumagen soll unter fließendem Wasser gut von innen und außen gespült werden.

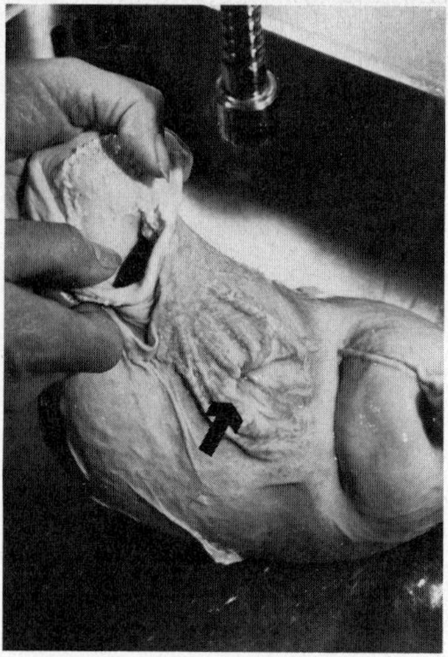

An den rosettenförmigen Falten ist die zweite Magenöffnung deutlich zu erkennen (Pfeil). Sie muß entweder sorgfältig vernäht werden oder es darf nur bis knapp unterhalb gefüllt werden.

zünftiger aber ist eben ein richtiger Saumagen. Ihr Metzger kann Ihnen bestimmt einen gut gereinigten Magen besorgen. Waschen Sie ihn zu Hause trotzdem noch einmal gründlich mit lauwarmem Wasser. Das Ganze ist eine etwas glitschige Angelegenheit und es riecht auch ein bißchen ungewohnt. Keine Sorge – das vergeht. Spülen Sie den Magen auch innen gründlich – nicht nur wegen der Sauberkeit. Wenn Sie den Magen mit Wasser füllen, werden Sie feststellen, daß es seitlich wieder herausläuft. Das ist die zweite, kleinere Magenöffnung, die auf diese Art leicht zu finden ist. Der Magen darf nur bis höchstens drei Finger breit darunter gefüllt werden!

Das Füllen gelingt am besten zu zweit. Einer hält die obere, große Magenöffnung auf, der andere stopft. Nehmen Sie jeweils eine knappe Handvoll von der Wurstmasse, formen sie rund wie einen Knödel und stopfen Sie ihn möglichst tief. Ein Trick, um den Magen wirklich prall bis in das untere Ende gefüllt zu bekommen: mit einer Hand am oberen Teil festhalten, mit der anderen Hand den Magen fest umfassen und die Füllung kräf-

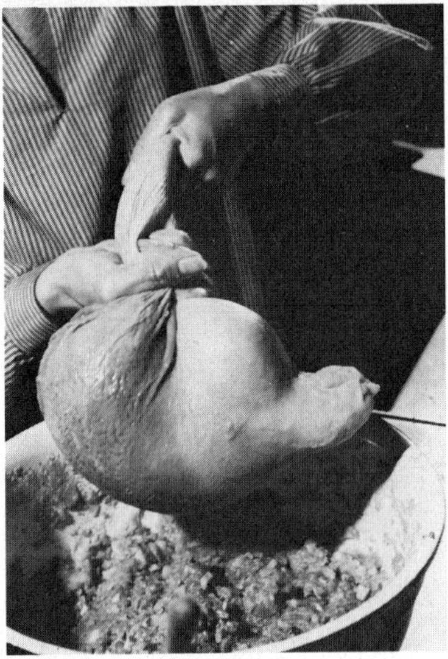

So wird – wie im Text beschrieben – die Füllung fest bis in das Ende des Saumagens eingefüllt.

Hier wurde der Saumagen unterhalb der seitlichen Magenöffnung mit Wurstschnur fest abgebunden.

tig zum unteren Ende hin streichen. Diesen Vorgang öfter wiederholen, bis die Wurstmasse den Magen prall bis drei Finger breit unter der seitlichen Öffnung ausfüllt. Sehr gut und fest abbinden, den überstehenden oberen Rest mit einer Küchenschere oder einem scharfen Messer abschneiden. Haben Sie richtig und sorgfältig gefüllt, wird

Der überstehende Rest des Magens kann mit einer Küchenschere abgeschnitten werden.

der Magen rund und fest und die Größe von einem kleinen Kohlkopf haben.
In leicht siedendem, nicht kochendem Wasser vier Stunden ziehen lassen. Unser Saumagen schmeckt, noch heiß aufgeschnitten, großartig zu Bauernbrot oder auch Kartoffelsalat. Sein besonderes Aroma aber entfaltet er, wenn man die erkalteten Scheiben in der Pfanne anbrät und sie mit Kartoffeln und Sauerkraut serviert.

Die vier Stunden, in denen in meiner Wurstküche der Saumagen im Wasser gar wurde, waren bei all meinen Versuchen wohl die schwersten. Als er dann aber angeschnitten genau so aussah wie auf dem Zeitschriftenfoto, war ich schon sehr erleichtert. Ob er aber auch richtig schmeckte, wie er sollte, das wußte ich nicht. Am nächsten Tag ließ ich einen Kollegen probieren, der öfter nach Bad Dürkheim zum Weinkauf fährt. Und der hat mir bestätigt, daß mein hausgemachter Saumagen so schmeckte wie dort in einem guten Pfälzer Restaurant.

Und hier ist das am Anfang versprochene Rezept für den 366. Tag im Schaltjahr, zusätzlich zu den von den Metzgern angegebenen 365 Kochwurstrezepten. Nach altem Familienrezept die

Sauerländer Rinderwurst

Diese Wurst sollte wirklich nur in größerer Menge hergestellt werden, weil sie erst dann richtig schmeckt.

2½ kg hohe Rippe vom Rind ohne Knochen, 4 große Zwiebeln, Salz, Pfeffer, 500 g Butter, ca. 250 g Weizengrieß

Das Rindfleisch in reichlich Salzwasser mit den Zwiebeln weichkochen. Nehmen Sie einen großen, hohen Topf mit ungefähr fünf Liter Inhalt. Das Wasser sollte das Fleisch bedecken und bis ganz kurz unter den Topfrand reichen. Das gekochte Fleisch einmal mit den Zwiebeln zusammen durch die feine Scheibe des Fleischwolfs drehen, mit Pfeffer und Salz würzen, die Kochbrühe mit dem Grieß andicken. Es muß ein dicklicher, aber nicht fester Grießbrei werden. Fleisch und Grieß gut vermischen, die Butter zerlassen und braun werden lassen. Dann gut in die Masse einarbeiten. In Därme oder Gläser füllen und sterilisieren. Die im Darm abgefüllte Wurst läßt sich sehr gut einfrieren.
Diese Sauerländer Rinderwurst bekommt ihr Aroma von der reichlich zugesetzten, guten braunen Butter, so daß – außer Pfeffer, Salz und Zwiebeln – auf alle anderen Gewürze verzichtet werden kann.

Und nun, am Ende unserer Kochwurstrezepte, noch ein praktischer Hinweis: Wenn wir des öfteren Kochwurst herstellen und zum Brühen der Würste ohnehin einen großen Topf benötigen, sollte man sich die Anschaffung eines elektrischen Einkochtopfes mit Thermostatregelung überlegen. Das mag zwar im Augenblick eine etwas größere Anschaffung sein, aber sie zahlt sich in der praktischen Arbeit ganz bestimmt aus. Sie können in einem solchen Topf durch die Thermostatregelung ganz einfach die erforderliche Temperatur von 80 °C ständig halten.

Ein Einmachtopf mit einem Thermostaten zur Temperaturregelung erleichtert beim Brühen der Würste das genaue Einhalten der notwendigen Hitzegrade.

Dieser praktische Einkochtopf leistet Ihnen bestimmt auch anderweitig gute Dienste, wenn Sie zum Beispiel im Sommer Obst und Gemüse, Marmeladen und Gelees einkochen wollen. Der Vorteil eines solchen Gerätes liegt auf der Hand: Sie brauchen nicht mehr ständig neben dem Herd zu stehen und mit einem Einkochthermometer die Temperatur eine Stunde lang zu überwachen. Während der elektrische Einkochtopf von allein die einmal eingestellte Temperatur hält, können Sie die Zeit anderweitig verwenden. Zum Beispiel, indem Sie Maschinen und Geräte säubern.

Rohwürste

Zu den Rohwürsten zählen die beim Käufer meist als »Dauerwürste« bekannten Sorten wie: Cervelatwurst, Salami, Plock- und Mettwurst, also die trockenen, schnittfesten Arten, aber auch die Streich- und Teewurstsorten. Allen ist gemeinsam, daß sie aus rohem Fleisch hergestellt werden, und daher kommt auch ihr Name.

Und das nur nicht zur Sommerzeit
Dauerwürste wurden früher nur in den Monaten zwischen Oktober und März hergestellt. Um zu verstehen warum, müssen wir ein paar wichtige Dinge wissen.
Frisch durchgedrehtes Fleisch wird von allen Hausfrauen mit Respekt behandelt oder – anders ausgedrückt – mit Eile verarbeitet. Schließlich ist ja bekannt, wie schnell Hackfleisch verderben kann. Es beginnt, vor allem in der wärmeren Jahreszeit, schnell unangenehm zu riechen und ist dann praktisch schon ungenießbar geworden. Fäulnisbakterien haben sich an die Arbeit gemacht und ein im wahrsten Sinne des Wortes weites Betätigungsfeld gefunden. Beim Durchdrehen des Fleisches ist die Oberfläche, die der Luft ausgesetzt ist, um ein Vielfaches vergrößert worden und damit auch die Angriffsmöglichkeit für schädliche Bakterien. Nicht ohne Grund sind die Bestimmungen für die Herstellung und den Verkauf von Hackfleisch sehr streng.
Die Bakterien brauchen zum Leben Sauerstoff, Wasser und Wärme. Dabei spielt die in den Wintermonaten erheblich niedrigere Temperatur eine ganz spezielle Rolle. Natürlich fördern warme Sommertage Fäulnis und Verderb besonders dadurch, daß Bakterien und Mikroorganismen ideale Lebensbedingungen finden, aber die kühleren herbstlichen Temperaturen allein würden ihnen noch nicht den Garaus machen.
Dauerwürste bekommen ihre Haltbarkeit dadurch, daß sie beim Lufttrocknen 25 bis 35 Prozent ihres Gewichtes verlieren, und das ist verdunstetes Wasser. Den Bakterien wird also eines ihrer Lebenselemente entzogen. Nun kann, ja darf sogar dieser Trocknungsprozeß nicht zu schnell ablaufen. Was geschieht also inzwischen?
Der schädliche Einfluß des Luftsauerstoffes auf das zerkleinerte Fleisch wird nicht allein dadurch ausgeschaltet, daß man es in Därmen oder Häuten aufbewahrt. Sie sind immer etwas porös, und das sollen und müssen sie auch sein. Eine sehr entscheidende Wirkung hat das verwendete Salz. Es würzt nicht nur, sondern konserviert, wie wir es von Salzgemüse oder -heringen her gut kennen.
Sie wissen ja, wie schnell sich Salz in Wasser auflöst. In unserem Fall geschieht folgendes: Im Fleisch enthaltenes Wasser tritt durch die Zellwände aus, dabei kommt die

zerkleinerte Form des Fleisches dem sogar entgegen (obwohl sie ansonsten den Verderb eigentlich fördern würde). Das abgesonderte Wasser mischt sich mit dem Salz zu einer Lösung, die auf umgekehrtem Wege wieder in die Zellen zurückwandert. Das Fleisch ist nun statt mit Wasser mit einer Salzlösung durchsetzt, also mit einer würzenden Mischung. Aber das ist nur der angenehme Nebeneffekt. Viel wichtiger ist nämlich, daß die Schadbakterien in dieser Salzlösung keinen Nährboden und Lebensraum finden. Salz verringert die Löslichkeit von Sauerstoff im Wasser, und wenn der den Bakterien entzogen wird, können sie nicht existieren. Bringen wir das alles mal in eine überschaubare, kurze Form:

Das Fleisch wird zerkleinert. Dadurch vergrößert sich seine Oberfläche auf ein Vielfaches. Das schafft hohe Angriffsfläche für Bakterien, aber gleichzeitig hohe Austauschmöglichkeit für Wasser und Salz. Das Fleisch füllt sich mit einer Salzlösung, die den Bakterien den lebensnotwendigen Sauerstoff entzieht. Schritt 1 im Kampf gegen Fäulnis und Verderb.

Das so behandelte Fleisch wird in Därme oder Häute gefüllt. Durch die poröse Haut verdunstet ein großer Teil des Wassers, den Bakterien wird neben Sauerstoff das zweite wichtige Lebenselement entzogen. Dabei steigt die Salzkonzentration und mit ihr der konservierende Effekt. Därme und Häute setzen dem Eindringen schädlicher Mikroorganismen ein weiteres Hindernis entgegen. Schritt 2.

Nun wirkt sich die niedrige Temperatur im Winterhalbjahr aus. Würde man die Würste im Sommer bei hoher Temperatur zum Trocknen aufhängen, würde die Wasserverdunstung zuerst schlagartig außen auftreten. Es entstünde ein harter, fester und trockener Rand, der Kern bliebe feucht, weil der Darm und die trockene äußere Kruste den Flüssigkeitsverlust bremsen würden. Das feucht bleibende Wurstinnere wäre immer noch Nährboden für Bakterien.

Niedrige Temperaturen ermöglichen ein stetiges, langsames und gleichmäßiges Durchtrocknen der Wurst von innen nach außen. Schritt 3 auf dem Wege zur Konservierung.

Unterstützt wird der ganze Prozeß durch Alkohol und Gewürze. Einigen Wurstarten wird zur Geschmacksverbesserung Rum, Weinbrand, Kirschwasser oder Wacholderschnaps zugesetzt. Daß Alkohol keimtötende Wirkung hat, wissen wir alle aus Erfahrung: Bevor wir eine Spritze bekommen, wird das Umfeld mit Alkohol keimfrei gemacht.

Knoblauch spielt bei vielen Dauerwürsten eine Rolle als Würze. Im übrigen ist er schon in der alten Volksmedizin als natürliches Antibiotikum bekannt gewesen. Auch andere Gewürze haben gewisse konservierende Wirkung durch die darin enthaltenen ätherischen Öle.

Soweit also als Überblick und in Kurzfassung, warum unsere Rohwurst, obwohl aus rohem Fleisch hergestellt, nicht dem gefürchteten

Verderb anheim fällt, wie frisches Hackfleisch.

Wenn Würste »erröten«

Neben dem typischen Geschmack erwarten wir von den Rohwürsten auch eine spezielle dunkelrote Farbe. Diese Färbung erhält die Wurst in einer sogenannten »Umrötung«. Die Metzger verwenden dazu entweder chemische Umrötemittel oder Pökelsalz.

Kochsalz allein würde in jedem Fall zum Konservieren genügen, das heißt, wir können Rohwürste mit dem im Haushalt verwendeten Salz allein herstellen. Dabei würden wir aber riskieren, daß unsere Wurst leicht grau wird. Erst das im Pökelsalz enthaltene Nitrit wandelt in einem chemischen Reaktionsprozeß den Muskelfarbstoff in eine stabile Rotfärbung um.

Nitritpökelsalz enthält 0,5 bis 0,6 Prozent Nitrit, der Rest ist Kochsalz mit einem geringen Zusatz von Zucker. Obwohl man Pökelsalz eine (allerdings in letzter Konsequenz nicht bewiesene) krebsfördernde Wirkung nachsagt, wird diese Konzentration als unbedenklich angesehen. Gepökeltes Fleisch hat übrigens, wie bei Kasseler oder Schinken, einen besonderen Geschmack, an den wir, ebenso wie bei der Rohwurst, gewöhnt sind.

In einigen Versuchen habe ich ein Verfahren gefunden, das ich den »goldenen Mittelweg« nennen möchte. Wie im Kapitel »Kochwürste« schon erwähnt, habe ich die an sich übliche Menge Pökelsalz halbiert und die andere Hälfte durch Kochsalz ersetzt. Durch Zugabe von etwas Milchzucker – einem natürlichen Produkt – wird die Rötung gefördert. Im übrigen habe ich ausgesucht dunkelrotes Fleisch verwendet, das einen hohen Anteil an Muskelfarbstoff aufweist. Im Rezeptteil finden Sie jeweils Hinweise, welche Fleischart sich als besonders geeignet erwiesen hat.

Gut gekühlt ist halb gewonnen

Wir sind von den harten Rohwürsten ein glattes, körniges Schnittbild gewohnt. Das hängt von zwei Faktoren ab: Das Messerkreuz im Fleischwolf muß scharf sein. Sollten die Schneiden stumpf geworden sein, besorgen Sie sich möglichst bald im Haushaltwarengeschäft Ersatz. Nachzuschleifen – so hat man mir versichert – sind diese Messer nicht. Stumpfe Messer quetschen das Fleisch, die gewünschte Körnigkeit können wir so nicht erreichen.

Beim Durchdrehen durch den Wolf erwärmt sich das Fleisch durch die Reibung an der Transportschnecke und zwischen Messerkreuz und Scheibe. Auch durch diese Erwärmung wird das Fleisch leichter gequetscht, statt körnig geschnitten. Da hilft uns aber ein einfacher Trick: Das zu verarbeitende Fleisch in kleine Würfel schneiden und für kurze Zeit in den Gefrierschrank oder das Tiefkühlfach stellen. Ebenso verfahren wir mit dem Speck. Auf keinen Fall aber gefrieren lassen, sondern nur so lange der Kälte aussetzen, daß es kurz vor dem Überfrieren ist. So erhalten Sie beim Durchdrehen eine feste, fein-

körnige Wurstfülle. Das ist besonders für den Speck wichtig, weil der bei der Erwärmung im Wolf leicht schmierig und weich wird.
Ich empfehle Ihnen auch, das Fleisch noch einmal kurz zwischendurch zu kühlen, wenn Sie es für eine feine Füllung ein zweites Mal durchdrehen.

Die Hülle und die Fülle

Für unsere luftgetrockneten Rohwürste können wir sowohl Natur- als auch Kunstdärme verwenden. Als Naturprodukt empfehle ich Ihnen die bei den Kochwürsten schon erwähnten Kranzdärme. Sie ergeben Würste mit ausreichend großem Durchmesser, daß sich davon gut Scheiben schneiden lassen. Von den weiteren sogenannten »Fettenden« möchte ich abraten. Metzger können ja ihre Würste in Klimakammern umröten und reifen lassen. In solchen Räumen werden Temperatur und Luftfeuchtigkeit elektronisch geregelt und auf einem gleichbleibend günstigen Stand gehalten. Wir aber lassen unsere Würste auf die alte, natürliche Weise reifen und trocknen, indem wir sie auf dem Dachboden aufhängen. Allerdings können wir dort Klima und Temperatur nicht steuern. Benutzen wir Därme mit weiterem Durchmesser, kann der beschriebene Trocknungsprozeß von innen nach außen ungleichmäßiger verlaufen.
Als Kunstdärme empfehle ich Ihnen die ohne Formalin hergestellten »Hukki«-Därme. Auf alle Fälle sollten Sie beim Einkauf oder der Bestellung nach Därmen fragen, die zum Lufttrocknen geeignet sind und auch zum eventuellen Räuchern. Eine empfehlenswerte Größe sind Kunstdärme von 30 cm Länge und 55 mm bis 58 mm Durchmesser. Sie sollen, wenn die Wurst beim Trocknen an Umfang verliert, mitschrumpfen.
Wursthüllen müssen vor dem Füllen gewässert und feucht gestopft werden. Das begünstigt das langsame, gleichmäßige Trocknen der Würste.
Bei Naturdärmen ist das kein Problem, da sie eingesalzen verkauft werden, um sie haltbar zu machen. Wir müssen sie ohnehin (wie bei den Kochwürsten beschrieben) gründlich wässern. Sie halten auch gut die Feuchtigkeit und passen sich später beim Trocknen faltenlos der Wurstfüllung an.
Kunstdärme sollen vor dem Füllen eine Stunde in fließendem Leitungswasser weichen. Sie dehnen sich, weil sie elastisch geworden sind, mit dem Druck beim Füllen etwas aus, und wenn die Wurst trocknet, passen sie sich der Füllung wieder besser an.
Unsere Würste sollen so fest wie möglich gestopft sein. Beim Naturdarm, der enger am Füllrohr anliegt, erreichen wir das ganz einfach dadurch, daß wir den Darm mit einer Hand am Ende des Wurstfüllers etwas bremsen. Das Fleisch drückt sich durch den leichten Widerstand kräftiger in den Darm.
Kunstdärme sind ja weiter im Durchmesser und liegen am Füllrohr nicht so eng an. Aber auch hier hilft, Füller und Darm mit einer Hand zu umschließen und dadurch

den Fülldruck zu erhöhen. Wollen Sie ganz sicher sein, empfehle ich Ihnen mein Verfahren: Den Füllvorgang ein- bis zweimal unterbrechen und die Wurstmasse mit einem kleinen Holzquirl fest nachstopfen.
Wichtig ist auf alle Fälle, daß bei beiden Darmarten luftfrei gestopft wird, das heißt, es dürfen keine Löcher entstehen.
Nach dem Füllen werden Natur- und Kunstdärme gut mit einer fünfprozentigen Milchsäurelösung triefnaß abgewaschen. Milchsäure ist ein Naturprodukt, das Sie in Drogerien und Apotheken erhalten. Dieses Abwaschen verhindert Schimmelbelag auf den Wursthüllen während des Trocknens.
Ich selbst habe zwei Wochen lang diesen Vorgang jeweils alle drei Tage auf dem Dachboden wiederholt. Nicht nur, um das Schimmeln ganz sicher zu vermeiden, die Wursthüllen blieben dadurch auch länger feucht und der Trocknungsprozeß verlief gleichmäßiger.

Trockene Luft und blauer Dunst

Zum Reifen und Trocknen hängen wir die Würste luftig auf dem Dachboden auf, aber in gar keinem Fall in Zugluft, zum Beispiel zwischen zwei offenstehende Dachfenster.
Die Temperaturen sollen 16 °C nicht übersteigen, weil es sonst zu dem beschriebenen schädlichen Trockenrand kommt. Auch gefrieren darf die Wurst während der Trocknung nicht.
Beim sogenannten Reifen bekommt die Wurst einmal während des Umrötens ihre Farbe und dann auch ihre Schnittfestigkeit. Salz und Wasser haben sich ja zu einer konservierenden Lösung verbunden. Das im zerkleinerten Fleisch enthaltene Muskeleiweiß wird von dieser Flüssigkeit nun aufgenommen. Es entsteht zuerst ein gelatineartiger Zustand, bei der Trocknung wird diese Lösung immer härter und verbindet die einzelnen Wurstteilchen zu einer festen Masse. Die Fachleute nennen das »Bindung«, sie ermöglicht es, feste und gleichmäßige Scheiben zu schneiden.
Nach vier bis fünf Tagen sind Umrötung und Reifung so weit fortgeschritten, daß die Würste geräuchert werden können.
Grundsätzlich können alle unsere Würste ungeräuchert getrocknet und gegessen werden. Durch das Räuchern werden aber Farbe und Geschmack unserer Wurst spürbar verbessert, außerdem üben die im Rauch enthaltenen Bestandteile eine beachtliche konservierende Wirkung aus.
Selbst zu räuchern, ist mit Schwierigkeiten verbunden. Die im Handel befindlichen preiswerten Geräte arbeiten nach dem Heißräucherverfahren und sind für unsere Zwecke nicht geeignet. Die darin entstehenden Temperaturen sind zu hoch, und unsere Würste würden gegart werden. Das darf aber bei Rohwürsten nicht passieren.
Zum erforderlichen Kalträuchern gibt es bei der Firma Westfalia-Werkzeug-Company in Hagen/Westfalen kleinere Räucherschränke im Format eines schmalen, hohen Kühlschranks. Sie sind aber ziemlich teuer.

Eine solche Anschaffung lohnt nur, wenn sich mehrere Familien die Kosten teilen. Dann aber kann man außer Rohwürsten auch Leber- und Brühwürste räuchern und dazu frische Forellen, Heringe und Makrelen. Alles Köstlichkeiten!
Am besten machen Sie es so wie ich: Ich habe den Metzgermeister, bei dem ich Kunde bin, gebeten, die drei oder vier Würste, die ich auf einmal hergestellt habe, für ein bis zwei Tage mit in seine Räucherkammer zu hängen. Das klappt natürlich nur da, wo ein solcher Raum vorhanden ist. Aber mein Wunsch wurde mir gern erfüllt, und ich glaube, ein freundliches Wort und eine höfliche Bitte werden auch Ihnen weiterhelfen.

Lassen Sie uns mit einem einfachen Rezept beginnen. Als erstes möchte ich Ihnen ein Rezept geben für eine Wurst, die in jedem Fall auch ungeräuchert sehr gut schmeckt, nämlich die

Luftgetrocknete Mettwurst

750 g Schweineschulter ohne Schwarte und Knochen oder Halsgrat, 250 g frischer fetter Speck, 1½ Teelöffel Pökelsalz, 1½ Teelöffel Kochsalz, 2 Teelöffel weißer Pfeffer, 3 Teelöffel getrockneter Thymian, 1 gehäufter Eßlöffel Milchzucker

Milchzucker erhalten Sie unter dem Namen »Edelweiß« in Drogerien und Reformhäusern.
Das vorher in kleine Würfel geschnittene Fleisch und der gewürfelte Speck werden gut gekühlt und dann einmal durch die grobe Scheibe des Fleischwolfs gedreht. Dann mischt man die Gewürze und den Milchzucker unter. Von einem Kranzdarm schneiden wir ein un-

Das vorgekühlte Fleisch wird in Würfel geschnitten.

Die Fleischwürfel sollen möglichst kalt durch den Wolf gedreht werden.

Man erkennt deutlich, wie schön körnig das zerkleinerte Fleisch durch das Kühlen bleibt.

Nun kommen die Gewürze, Salz, Rum und der Milchzucker hinzu.

Das Ganze muß gut durchgemischt werden.

gefähr 40 cm langes Stück ab, wässern es gründlich, spülen es durch und ziehen es auf das Füllrohr des Fleischwolfs. Nun wird der Fleischwolf so lange in Betrieb gesetzt, bis aus dem Füllrohr ein wenig Wurstmasse austritt. Den offenen Darm nun fest mit einer dünnen Wurstschnur verschließen und den Darm luftfrei mit der Wurstmasse füllen. Das Ende des Darms ebenfalls sorgfältig abbinden, die Wurst zu einem Ring formen und die beiden Schnüre zu einer Schlaufe binden. Die fertigen Würste wie beschrieben mit einer fünfprozentigen Milchsäurelösung abwaschen und ungefähr vier Wochen zum Trocknen und Reifen auf dem Dachboden kühl und luftig aufhängen.

Beim Füllen der Wurst den Kunstdarm am Füllrohr mit einer Hand etwas bremsen. Dadurch wird eine feste und blasenfreie Füllung erreicht.

Die gefüllten Würste sollten mit einer Milchsäurelösung vor dem Trocknen abgewaschen werden.

Trocken und luftig werden die fertigen Würste auf dem Dachboden aufgehängt.

Eine etwas vornehmere Verwandte dieser einfachen luftgetrockneten Mettwurst ist unsere

Westfälische Mettwurst, luftgetrocknet

500 g mageres Schweinefleisch, 250 g mageres Rindfleisch, 250 g Rückenspeck (ungeräuchert), 1½ Teelöffel Pökelsalz, 1½ Teelöffel Kochsalz, 2 Teelöffel weißer Pfeffer, 2 gehäufte Teelöffel Senfkörner, 1 gehäufter Eßlöffel Milchzucker, 1 zerdrückte oder in der Presse zerquetschte Knoblauchzehe

Das Fleisch und der Speck werden gut gekühlt einmal durch die feine Scheibe des Fleischwolfs gedreht und mit den zugesetzten Gewürzen und dem Milchzucker durchgemischt. Ungefähr 30 cm lange Stükke vom Kranzdarm werden gründlich gewässert und gespült. Die Wurstmasse fest und luftfrei einfüllen, die Wurst zu einem Ring formen und die Enden mit der Wurstschnur, die zum Abbinden benutzt wurde, verknoten. Die fertigen Würste werden mit einer fünfprozentigen Milchsäurelösung gründlich abgewaschen. Dann hängen wir die Würste drei bis vier Wochen trocken und luftig auf den Dachboden zum Reifen und Trocknen. Wenn Sie die Würste sechs bis acht Wochen hängen lassen, so schadet das überhaupt nicht, die Wurst wird dadurch fester und schnittfähiger.

Eine ebenfalls einfach herzustellende, aber sehr schmackhafte Rohwurst ist unsere

Bauernwurst

750 g mageres Rindfleisch, 500 g Schweineschulter, 1½ Teelöffel Pökelsalz, 1½ Teelöffel Kochsalz, 1 Teelöffel weißer Pfeffer, 1 Teelöffel Piment (gemahlen), ½ gestrichener Teelöffel Koriander, 2 zerdrückte Knoblauchzehen, 1 Eßlöffel Majoran, 1 gestrichener Eßlöffel Milchzucker, 1 Schnapsgläschen Rum

Pökel- und Kochsalz miteinander mischen. Das Fleisch in kleine Würfel schneiden, mit der Hälfte der Salzmischung einreiben und zwei Tage kühl stellen. Nach dieser Zeit das gesalzene Fleisch kurz im Gefrierschrank oder im Tiefkühlfach nachkühlen und dann einmal durch die feine Scheibe des Fleischwolfs drehen. Mit den angegebenen Gewürzen, den zerdrückten Knoblauchzehen, dem Rum und dem Milchzucker gut verkneten und in 30 cm lange Stücke vom reichlich gewässerten Kranzdarm abfüllen. Die fertigen Würste werden, wie beschrieben, mit fünfprozentiger Milchsäurelösung abgewaschen und zum Trocknen auf den Dachboden gehängt. Sie können nach drei Wochen Trockenzeit bereits angeschnitten werden, lassen Sie sie aber etwas länger hängen, so erhöht sich die Schnittfestigkeit.

Ich habe sehr gute Erfahrungen mit dem nächsten Rezept gemacht und bei vielen Freunden und Bekannten dafür ein Lob bekommen. Es ist die

Hausmacher-Cervelatwurst

600 g mageres Rindfleisch, 600 g Schweinefleisch (mageres Schulterstück), 600 g Schweinebauch, 1 Teelöffel Paprika edelsüß, 1 Teelöffel Paprika rosenscharf, 2 Teelöffel schwarzer, grobgestoßener Pfeffer (Steakpfeffer aus dem Gewürzglas), ½ gestrichener Teelöffel Piment, ½ gestrichener Teelöffel Senfmehl, 1½ Teelöffel Pökelsalz, 1½ Teelöffel Kochsalz, 1 gestrichener Eßlöffel Milchzucker

Das Fleisch einmal durch die feine Scheibe des Fleischwolfs drehen und zur Zwischenkühlung kurz in den Gefrierschrank oder das Tiefkühlfach stellen, sodann ein zweites Mal durchdrehen. Die angegebenen Salzmengen, die Gewürze, den Milchzucker und ein Gläschen Gewürzrum (Rezept Seite 88) zusetzen und alles sorgfältig durchmischen. Die Wurstmasse entweder in längere oder auch in 30 cm lange Stücke vom gut gewässerten Kranzdarm abfüllen. Die kürzeren Därme ergeben einzelne Würste, die in längere Darmstücke gefüllte Wurst zu einem Ring formen und die Wurstschnüre, die zum Abbinden der beiden Enden benutzt wurden, zu einer Schlaufe binden. Nach drei Wochen Trockenzeit auf dem Dachboden kann unsere Cervelatwurst schon angeschnitten werden. Aus meiner Erfahrung möchte ich Ihnen aber zu ein wenig mehr Geduld raten, weil die festere Wurst etwas besser schmeckt. Eine entscheidende Geschmacksverbesserung be kommt diese Wurst durch das Räuchern. Dazu lassen wir sie erst drei Tage auf dem Dachboden reifen und geben sie dann unserem Metzger für 24 Stunden in den Rauch. Vergessen Sie auch bei dieser Wurst nicht, sie nach der Herstellung mit Milchsäure abzuwaschen.

Für Rohwürste gilt generell eines: Je höher der Anteil an Rindfleisch ist, um so fester wird die Wurst. Ein höherer Schweinefleischanteil läßt die Wurst saftiger werden.

Eine sehr feste, schnittfähige und im Geschmack kräftige Rohwurst ist die

Plockwurst

500 g mageres Rindfleisch, 500 g mageres Schweinefleisch, 1 Teelöffel Pökelsalz, 1 Teelöffel Kochsalz, 1 Teelöffel Paprika edelsüß, 1 Teelöffel Paprika rosenscharf, ½ gestrichener Teelöffel Cayennepfeffer, 1 gestrichener Eßlöffel Milchzucker, 1 Gläschen Rum

Das wie üblich gekühlte gewürfelte Fleisch einmal durch die grobe Scheibe des Fleischwolfs drehen, mit dem Salz und den Gewürzen sowie dem Milchzucker und dem Rum gleichmäßig vermischen. Die Wurstmasse möglichst fest und luftfrei in gut gewässerte »Hukki«-Därme abfüllen. Diese Wurst sollte aber geräuchert werden, weil sie dann viel besser schmeckt. Vor dem Räuchern wieder erst einmal drei Tage trocknen lassen und luftig auf dem Dachboden zum Reifen aufhängen. Wie üblich, das Abwaschen der fertigen Würste mit Milchsäure nicht vergessen.

Man behauptet, »richtige« Salami könnten nur die Ungarn und die Italiener herstellen. Ganz stimmt das nicht, auch aus deutschen Metzgereien kommt eine sehr beachtliche Qualität. Sicher aber spielt das Klima eine große Rolle, daß ungarische und italienische Salami anders schmeckt. Außerdem werden die Schweine, deren Fleisch dafür verwendet wird, auf eine besondere Art gefüttert. Wer aber bei uns mästet schon spezielle »Salamischweine«? Wir müssen uns mit dem Fleisch behelfen, das uns zur Verfügung steht. Trotzdem sollten wir sie ruhig einmal versuchen, unsere

Hausmacher-Salami

Ich habe, weil sich hier ganz mageres Fleisch besonders gut eignet, als Rindfleisch sogenannte Beinscheibe benutzt.

350 g Rinder-Beinscheibe (ohne Knochen gewogen), 350 g mageres Schweinefleisch (sogenannter Schinkenbraten), 300 g ungeräucherter, fetter Speck, 1½ Teelöffel Pökelsalz, 1½ Teelöffel Kochsalz, 1 gestrichener Teelöffel weißer Pfeffer, 1 gestrichener Teelöffel Paprika edelsüß, 1 große Knoblauchzehe, 100 ccm herber Rotwein, 1 gestrichener Eßlöffel Milchzucker

Das Beinfleisch wird von dem Knochen gelöst und in kleine Würfel geschnitten. Schweinefleisch und Speck ebenfalls würfeln und alles zusammen vorkühlen. Dann einmal durch die feine Scheibe des Fleischwolfs drehen, mit dem Pökelsalz, dem Kochsalz, den Gewürzen und der zerdrückten Knoblauchzehe, dem Rotwein und dem Milchzukker gründlich durchkneten. Die Wurstmasse wird in gut gewässerte, 30 cm lange Kranzdarmstücke eingefüllt und abgebunden. Auch hier wieder auf festes und luftfreies Füllen achten. Anschließend die Würste mit Milchsäure abwaschen und mindestens sechs Wochen auf dem Dachboden trocknen lassen. Sie können für unsere hausgemachte Salami auch einen weißen Überzug herstellen, so, wie man ihn von handelsüblicher Salami gewohnt ist. Das Rezept für diesen Überzug finden Sie – ebenso wie das für den Gewürzrum – am Ende dieses Rezeptteiles (siehe Seite 88). Sollten Sie Wert darauf legen, daß Ihre Salami schön gleichmäßig rund und gerade wird, füllen Sie die Wurstmasse in die schon erwähnten Kunstdärme oder aber auch in Leinendärme ab. Bei Leinendärmen entfällt allerdings der weiße Überzug.

Vergessen wir nicht, daß es auch in unserem eigenen Land Spezialitäten gibt, wie zum Beispiel die

Thüringer Kümmelwurst

750 g Rindfleisch, 150 g mageres Schweinefleisch, 100 g fetter, ungeräucherter Speck, je 1½ Teelöffel Pökelsalz und Kochsalz, 1 gestrichener Teelöffel weißer Pfeffer, 1 gehäufter Teelöffel Kümmel

Das Fleisch wie üblich in kleine Würfel schneiden und vorkühlen. Das Rindfleisch wird zweimal durch die feine Scheibe des Fleischwolfs gedreht, das Schweinefleisch und der Speck einmal durch die grobe Scheibe. Salz und Gewürze werden untergemischt und die Wurstmasse in 60 cm lange, gutgewässerte Kranzdarmstücke fest und luftfrei gefüllt. Binden Sie die Wurst zu einem Ring und waschen Sie sie anschließend mit Milchsäure ab. Drei Tage auf dem Dachboden zum Reifen aufhängen und dann anschließend 24 Stunden räuchern lassen. Nach dem Räuchern die Wurst noch einmal vier Wochen auf dem Dachboden nachtrocknen lassen.

Außer den festen, luftgetrockneten Würsten gehören zu den Rohwürsten auch die streichfähigen Sorten, wie zum Beispiel die

Braunschweiger Teewurst

Für diese Wurst sollten wir Zellophandärme benutzen, und zwar die kleinere Ausführung von 20 cm Länge und 42 mm Durchmesser. Wichtig ist, daß Sie nur solche Därme verwenden, die auch ein Räuchern ermöglichen.

400 g mageres Rindfleisch, 600 g Schweinebauch, 1 Teelöffel Pökelsalz, 1 Teelöffel Kochsalz, 1 gestrichener Teelöffel weißer Pfeffer, ½ gestrichener Teelöffel Paprika, je 1 gehäufte Teelöffelspitze Kardamom und Muskatblüte, 1 Eßlöffel Honig, 100 ccm Wasser

Das Rindfleisch und den von der Schwarte befreiten Schweinebauch in kleine Würfel schneiden und vorkühlen. Beides wird zusammen einmal durch die feine Scheibe des Fleischwolfs gedreht. Das Wasser erwärmen, den Honig darin auflösen und den Rum hinzugeben. Das durchgedrehte Fleisch wird portionsweise in der Moulinette feinpüriert, dabei jeweils eßlöffelweise etwas von dem Wasser mit Honig und Rum hinzugeben. Dadurch wird erreicht, daß die Wurstmasse geschmeidig wird. Salz und die Gewürze hinzugeben und gut vermischen. Sie können sich das Vermischen sehr erleichtern, wenn Sie das durchgedrehte Fleisch zuerst würzen und durchmengen und dann pürieren. Die Wurstmasse wird in die beschriebenen Zellophandärme fest und luftfrei eingefüllt. Dann sollen die fertigen Würste zwei Tage auf dem Dachboden zum Umröten und Reifen hängen. Anschließend lassen wir sie 24 Stunden räuchern. Da die Würste geräuchert sind, erhalten sie eine gewisse Haltbarkeit und lassen sich begrenzt im Kühlschrank aufbewahren. Sie können aber auch ohne Schwierigkeiten einen Teil der Würste im Tiefkühlschrank für den späteren Verbrauch einfrieren.

Gewürzrum
Geben Sie in eine Flasche 50 Gramm Kümmel, 50 Gramm Wacholderbeeren und zwei große Knoblauchzehen. Übergießen Sie alles mit Rum und lassen Sie die Flasche einige Tage in der Sonne auf dem Fensterbrett stehen. Nach dieser Zeit ist das Aroma der Gewürze und des Knoblauchs in den Rum übergegangen. Danach wird der Rum durch ein Filterpapier (Kaffeefilter) gegossen und später für unsere Rezepte verwendet. Sie können statt Rum auch etwas Kognak oder klaren Korn verwenden.

Weißer Überzug für Salami
Für diesen Überzug brauchen wir Aspikpulver. Es ist in kleinen Tütchen abgefüllt in Lebensmittelgeschäften und Supermärkten erhältlich. In einem Liter heißem Wasser werden zwei Eßlöffel Aspikpulver aufgelöst. Dann wird so viel Weizenmehl hineingerührt, daß eine dickflüssige Masse entsteht. Dabei das Mehl gut und klumpenfrei verrühren. In diese Masse werden unsere Salamiwürste mehrmals getaucht und dann anschließend getrocknet. Sollte von der Überzugsmasse etwas übrigbleiben, können Sie sie gut im Kühlschrank aufbewahren. Um sie wieder flüssig zu bekommen, braucht sie nur aufgewärmt zu werden.

Bei den beiden folgenden Rezepten handelt es sich zwar nicht um Würste, aber um ebenfalls luftgetrocknete Köstlichkeiten.
Fett, und besonders fetter Speck, ist zwar nicht jedermanns Sache, wer aber einmal Paprikaspeck auf Bauernbrot gegessen hat, wird ihn bestimmt zu schätzen wissen. Voraussetzung für diesen Speck ist allerdings, daß wir beim Metzger oder im Supermarkt ein Stück fetten, geräucherten Speck mit nicht zu hohem Wasseranteil bekommen. Das ist heutzutage ziemlich schwierig. Deshalb möchte ich Ihnen einen Trick verraten, wie Sie an festen, kernigen fetten Speck kommen können. Kaufen Sie beim Metzger oder abgepackt im Supermarkt ein Stück fetten, geräucherten Speck von ungefähr 500 Gramm. Metzgerware erhalten Sie in der Regel unverpackt, bei im Supermarkt gekauftem Speck entfernen Sie bitte die Folienverpackung. Der Speck wird nun in Pergamentpapier eingewickelt und drei bis vier Wochen im Kühlschrank aufbewahrt. Er verliert in dieser Zeit eine Menge der enthaltenen Feuchtigkeit und wird fester und kerniger. Nun das Rezept für den hausgemachten

Paprikaspeck
Mischen Sie drei Eßlöffel Paprika edelsüß und einen gehäuften Teelöffel Cayennepfeffer. Rühren Sie in diese Mischung so viel Wasser, daß ein dicker Brei entsteht. Mit einer starken Stopf- oder Spicknadel ziehen Sie ein Stück Wurstschnur durch das eine schmale Ende des Speckes und binden diese Schnur zu einer Schlaufe. Der Paprikabrei wird nun mit einem Backpinsel gleichmäßig und möglichst dick auf die Seiten und die Oberfläche des Specks aufgestrichen. Die Schwartenseite bleibt frei. Der so behandelte Speck wird für mindestens vier Wochen zum Trocknen auf dem Dachboden aufgehängt. Das im Paprikabrei enthaltene Wasser verdunstet, und er bildet um den Speck herum eine feste, würzige Kruste. Der Speck wird mit einem sehr scharfen Messer in ganz dünne Scheiben geschnitten und schmeckt auf Bauernbrot ganz hervorragend.
Für das nächste Rezept brauchen wir ein wenig Vorbereitung. Wichtig ist dazu ein Steinguttopf. Besitzen Sie so etwas nicht, ein solches Gefäß ist in den Haushaltswarenabteilungen der großen Kaufhäuser zu kaufen. Ideal für unsere Zwecke sind Steingutgefäße, wie sie im Westerwald hergestellt werden. Sie sind grau glasiert mit einer blauen Verzierung und kosten gar nicht so viel.
Das Gefäß sollte so groß sein, daß ein Stück Fleisch von einem Kilo hineinpaßt und noch etwas Platz verbleibt.

Bevor wir unseren

Luftgetrockneten Rinderschinken herstellen, bereiten wir eine Marinade vor, in die das Fleisch eingelegt wird.
Dazu nehmen wir:

50 g Kochsalz, 8 Wacholderbeeren, 1 Lorbeerblatt, ½ gestrichener Teelöffel Cayennepfeffer, 1 Teelöffel schwarzer Pfeffer, 2 Schnapsgläser Aquavit oder Kümmelschnaps

Ein Kilo mageres Rindfleisch, am besten aus der Keule geschnitten, wird unter fließendem kaltem Wasser kurz abgespült und anschließend mit Küchenkrepp trockengetupft. Nun reiben wir das Fleisch mit der Mischung aus Salz, Pfeffer und Cayennepfeffer gut ein. Massieren Sie die Würzmischung am besten mit dem Handballen gut ein, damit sie vom Fleisch aufgenommen wird. Das Fleisch wird in das Steingutgefäß gelegt, ein in kleine Stücke gebrochenes Lorbeerblatt darübergestreut und der Aquavit oder der Kümmelschnaps über das Fleisch gegossen. Darauf wird ein kleines Brettchen gelegt und entweder mit einem schweren Gewicht oder einem großen Stein beschwert. Wir lassen das Gefäß nun an einem kühlen, trockenen Ort acht Tage lang stehen. Das Fleisch sollte mindestens einmal täglich gewendet und anschließend wieder mit dem Brett und dem Gewicht beschwert werden. Nachdem wir auf diese Art das Fleisch acht Tage lang mariniert haben, nehmen wir es aus dem Gefäß, tupfen es mit Küchenkrepp ab und ziehen mit einer Spicknadel ein Stück Wurstschnur durch das eine Ende. Die Schnur wird zu einer Schlaufe gebunden, das Fleisch mit einem sauberen Stück Mull oder Gaze umhüllt und dann für ca. zwei Monate trocken und luftig auf den Dachboden gehängt.
Sollten Sie im eigenen Haushalt oder bei Freunden eine Kinderwindel aus Mull finden, so benutzen Sie diese. Und sonst bekommen Sie bestimmt in einer Drogerie oder einem Geschäft, das Babyartikel führt, eine solche Mullwindel.
Dieses Fleisch schmeckt besonders gut, wenn es in hauchdünne Scheiben geschnitten wird. Das kann mit einem Messer schwierig werden. Benutzen Sie, wenn es geht, einen sogenannten Allesschneider mit einer rotierenden Messerscheibe. Wenn Sie so etwas nicht im Haushalt haben, versuchen Sie es mit einem möglichst scharf geschliffenen Messer.

Brühwürste

Wann immer ich im Freundes-, Kollegen- oder Bekanntenkreis mit den »Hausgemachten« eine Wurstprobe veranstaltet habe, waren die würzigen, luftgetrockneten Sorten die absoluten Spitzenreiter. Und so würden logischerweise die Rezepte dafür – wie es übrigens auch in den Metzgerrezeptbüchern steht – nach den Koch- und Brühwürsten aufgeführt sein. Ich habe diese »Rangordnung« aber aus gutem Grund in diesem Buch umgestellt. Brat-, Koch- und Rohwürste lassen sich nämlich recht problemlos herstellen. Um Brühwurst selbst zu machen, sind aber ein paar kleine Tricks erforderlich. Wenn Ihnen die bisherigen drei Sorten keine Schwierigkeiten bereitet haben, dann ist Ihre gewonnene Erfahrung groß genug, sich auch an die Brühwürste zu wagen.
Ich erinnere mich noch gut daran, daß man mich oft vorher gewarnt und mir gesagt hat: »Das schaffst du zu Hause nie. Ohne Cutter geht das überhaupt nicht!«
Warum eigentlich nicht? Wenn man nämlich der Überlieferung glauben darf, so ist die bei uns heute noch beliebte Lyoner – eine Brühwurst – seit dem 16. Jahrhundert bekannt. Friedrich der Große verlangte von den Göttinger Wurstmachern eine Wurst, von der sich so große Scheiben schneiden ließen, daß sie den Teller bis zum Rand bedeckten. Man füllte das Brät der bekannten Göttinger Bierwurst – ebenfalls eine Brühwurst – in Schweinsblasen und schickte die Wurst nach Potsdam. Als die Hugenotten durch den Alten Fritz in Berlin und Potsdam angesiedelt wurden, brachten sie das Rezept für eine feingehackte Brühwurst mit, die, saftig und knakkig, besonders gut zum Bockbier schmeckte. Heute essen wir diese Wurst immer noch gern – eben die »Bockwurst«.
Ganz ohne Zweifel kannte man im 16. Jahrhundert in Lyon und auch nicht zur Zeit des Alten Fritz den Cutter zum Wurstmachen. Die Elektrizität, um diese Maschine anzutreiben, wurde erst viel später entdeckt und genutzt, und Milcheiweiß oder Phosphat zum Herstellen von Bock- und Brühwürsten gibt es erst seit kurzem. Und trotzdem verstanden es die Metzger früher sehr gut, diese Wurstsorte herzustellen.
Das feine Brät wurde – das wissen wir – mit Hilfe von großen Wiegemessern auf dem hölzernen Fleischklotz erzeugt. Därme gab es für die Würste schon lange, und das Brühen war auch bekannt. Wo also lag dann die Schwierigkeit?

Der Zusammenhang beim Zusammenhalt

Machen wir einen kurzen, aber notwendigen Abstecher in die Theorie, um das Problem zu verstehen. Brühwurst in ihren vielen Variationen ist uns als schnittfeste, aber trotzdem angenehm weiche und vor allen Dingen saftige Sorte bekannt, wie zum Beispiel als Fleischwurst, Bierschinken oder Mortadella. Ganz gleich aber, wie die Arten heißen oder wie unterschiedlich sie gewürzt sind, eines ist allen gemeinsam: Sie sind saftig. Das liegt daran, daß der Wurstfüllung aus Fleisch und Fett ein gewisser Anteil Flüssigkeit zum ursprünglich vorhandenen natürlichen Wassergehalt im Fleisch zugesetzt wird. Dieses sogenannte »Fremdwasser« kann Leitungswasser, Eiswasser, Eis oder auch Brühe sein.

Ihre weiche und saftige Füllung bekommt die Brühwurst neben dem Wasser vor allen Dingen durch den mitverarbeiteten Speck. Der Anteil reicht von einem Viertel bis zu einem Drittel des verwendeten Fleisches. Also relativ viel pures Fett. Das aber mischt sich normalerweise nicht mit Wasser, das wissen wir alle. Wo also liegt der Trick?

Wir kennen ihn – mehr oder weniger – alle von der Mayonnaise. Sie ist das Musterbeispiel einer Emulsion. Wenn Sie einmal eine Mayonnaise selbst hergestellt haben, wissen Sie, daß sie in der Hauptsache aus Öl, Zitronensaft und Ei – genau gesagt Eigelb – besteht. Sowohl im Eigelb als auch im Zitronensaft ist ein unterschiedlich hoher Wasseranteil enthalten, der sich aber trotzdem mit dem Öl verbindet. Das liegt daran, daß eine bestimmte Temperatur und kräftiges Rühren notwendig sind, um diese Emulsion zustande zu bringen. Wird Mayonnaise nämlich zu warm gerührt, bildet sich eine flockige Flüssigkeit und keine cremige Masse. Wichtig sind also die richtige Temperatur und ein Mischvorgang, bei dem (durch Rühren zum Beispiel) Fett und Wasser in feinst verteilter Tröpfchenform dauerhaft miteinander vermischt werden.

Ähnlich ist auch, um ein weiteres einleuchtendes Beispiel zu geben, der Vorgang bei kosmetischen Erzeugnissen. Gesichtscremes und Pflegeemulsionen enthalten auch Fette und Feuchtigkeit in festverbundener, stabiler Form.

Würden wir Fleisch und Fett ganz fein zerkleinern und mit Wasser verkneten, würden wir zwar eine geschmeidige Masse erhalten, aber beim Brühen würde sich der Fleischanteil wie beim Kochvorgang zusammenziehen, Fett und Wasser aber bei höheren Temperaturen voneinander trennen. Das Ergebnis wäre ein Fleischkloß in der Wursthülle, der von Wasser und Fettpartikeln umspült wird. Es fehlt der Zusammenhang, die »Bindung«, ein »Emulgator«. Diese Funktion übernimmt Eiweiß. Es ist im Fleisch zwar in gewisser Menge enthalten, reicht aber nur dann aus, wenn es in ganz fein verteilter Form mit Fleisch und Fett gemischt wird oder wenn man davon zusätzlich etwas hinzufügt und damit die Bindekraft erhöht. Es ist mit hoher Wahrscheinlichkeit anzunehmen, daß die Metzger früher dem Fleischteig Eier zusetzten.

Heute ist für Brühwürste Milcheiweiß, flüssiges und gefrorenes Eiweiß erlaubt. Es muß dann aber ausgezeichnet werden. Vollei darf nur in Leberwurst und Pasteten verwendet werden. Wir aber dürfen für

den Hausgebrauch ruhig ganze, frische Eier benutzen.
Um Fleisch, Fett, Wasser und Eiweiß ganz fein zu vermischen und zu verbinden, benutzt der Metzger den Cutter. Das ist vereinfacht gesagt eine riesige Edelstahlschüssel, in der mit hoher Geschwindigkeit rasiermesserscharf geschliffene Messer rotieren. Die scharfen Messerschneiden verteilen Fett und Wasser in feinster Tröpfchenform im Fleischteig. Dabei dürfen die Temperaturen 0 °C bis 8 °C nicht überschreiten, denn der als Fett verwendete Speck würde bei über 8 °C weich werden. Die Cuttermesser laufen mit 2400 bis 4500 Umdrehungen pro Minute. Dabei entstehen an den Schnittflächen der Messer Temperaturen von 45 °C bis 70 °C, das Brät würde in 5 Minuten Laufzeit um 10 °C erwärmt, und das Eiweiß würde bei 45 °C gerinnen.
Die Metzger verhindern das, indem sie dem Brät die erforderliche Feuchtigkeit in Form von Eisschnee zusetzen. Die gehärteten Cuttermesser verarbeiten das ohne Schwierigkeit, und die Wurstmasse bleibt gekühlt. Teilweise werden Fleisch und Speck sogar tiefgefroren im Cutter zerkleinert, selbst das bewältigen die Messer.
Wie schaffen wir es aber zu Hause, ein möglichst kühles, teigartig feines Brät mit genügender Bindekraft herzustellen?

Das Brät, das aus der Kälte kommt
Fleisch und Speck werden am Tag vorher zweimal durch die feine Scheibe des Fleischwolfs gedreht und das Fleisch mit der erforderlichen Menge Salz vermischt. Dabei machen wir uns gleichzeitig zwei Dinge zunutze: Wir haben zwar keinen Cutter, sondern nur die Moulinette. In die passen nur kleine Mengen hinein. Sind die Zutaten aber bereits so fein wie möglich vorzerkleinert, dauert das Pürieren bei der kleinen Menge praktisch nur Sekunden, es tritt also keine nennenswerte Erwärmung auf. Die Wärme, die durch die Reibung der schnell rotierenden Messer entsteht, bleibt gering, weil die Drehzahl niedriger als die der Messer in einem Cutter ist. Und wie bei den Rohwürsten beschrieben, schafft das Salzen des durchgedrehten Fleisches bereits vorher eine gewisse »Bindung«.
Eis können wir in der Moulinette nicht zusetzen, wir würden in kürzester Zeit die Messerschneiden ruinieren.
Kühlen wir aber Fleisch, Speck und Flüssigkeit möglichst gut vor, so erwärmen sich beim Pürieren die kleinen Mengen bei der kurzen Laufzeit des Gerätes nur unerheblich.
Setzen wir das als Emulgator verwendete Ei zusammen mit dem Wasser in einer Form zu, die sich möglichst schnell und leicht mit dem Wurstteig verbindet, haben wir praktisch schon gewonnen.
Bei unseren Rezepten verwenden wir wegen der würzenden Wirkung statt klarem Wasser Brühe. Wir lösen also die gekörnte Brühe (oder den Brühwürfel) in heißem Wasser restlos auf, lassen die Flüssigkeit abkühlen und rühren dann die erforderlichen Eier mit dem Schneebesen ein. Geben wir die Brühe-Ei-Mischung gut gekühlt beim Pü-

rieren in der Moulinette eßlöffelweise zu, verteilt sich alles gründlich mit dem Brät. Gewußt wie! Manchmal zahlt sich ein bißchen Nachdenken und Experimentieren aus.

Abgebrüht und Aufschneiden

Unser trickreich hergestelltes Brät wird in Kunst- oder Naturdärme abgefüllt und anschließend gebrüht. Ich habe dafür 25 cm lange Därme von 9 cm Durchmesser benutzt. Das gibt die richtige Portionsgröße. Würstchen können Sie in die für Bratwurst verwendeten Saitlinge abfüllen. Wenn Sie die Därme kaufen oder schicken lassen, verlangen Sie welche, die für Brühwürste geeignet sind. Wollen Sie die Würste selbst räuchern oder räuchern lassen, geben Sie das beim Einkauf oder der Bestellung an.

Einlagen, wie Schinkenwürfel, Speck, Pistazien oder Zunge, müssen vor dem Füllen gut in das Brät eingearbeitet werden.

Ich habe die Erfahrung gemacht, daß sich das relativ dünne Brät schlecht mit einem elektrisch betriebenen Wolf füllen läßt, bei Einlagen muß man auf den Wurstfüller wegen der größeren Würfel sowieso ganz verzichten. Sie würden durch die Transportschnecke des Fleischwolfs auch zerquetscht werden. Füllen Sie also in diesem Fall die weiten Kunstdärme mit einem Löffel. Um die Füllung fest und luftfrei zu bekommen, mit einem kleinen, hölzernen Quirl gut nachstopfen.

Die Brühtemperatur darf 75 °C auf keinen Fall übersteigen, sonst würden sich die Bestandteile des Bräts wieder trennen. Arbeiten Sie also mit dem Einkochthermometer und beobachten Sie die Temperatur genau. Legen Sie die Würste in kaltes Wasser und steigern Sie langsam die Temperatur. So kann das Brät beim Erwärmen nach und nach fest werden – gewissermaßen »stokken«.

Die Würste haben die Eigenschaft, im Topf oben schwimmen zu wollen. Dadurch ragt immer ein Teil über das Brühwasser hinaus. Wenden Sie einen einfachen Trick an, den ich mit Erfolg ausprobiert habe: Oben auf die Würste einen umgedrehten Teller legen. Sie werden dadurch ganz unter Wasser gedrückt und gleichmäßig gebrüht. Anschließend die Brühwürste hängend auskühlen lassen.

So – und nun viel Spaß bei den »Abgebrühten«.

Bierwurst einfach

1 kg mageres Schweinefleisch, 500 g fetter Speck, 1 gestrichener Eßlöffel Pökelsalz, 1 gestrichener Eßlöffel Kochsalz, 1 gestrichener Eßlöffel Milchzucker, 1 gestrichener Teelöffel weißer Pfeffer, 1 gestrichener Teelöffel Ingwer, ½ gestrichener Teelöffel Muskatblüte (Mazis), 2 gehäufte Teelöffel Senfkörner, 1 gestrichener Teelöffel gekörnte Brühe, 2 Eier, 100 ccm Wasser

Das Fleisch einen Tag vorher zweimal durch die feine Scheibe des Fleischwolfs drehen, mit dem Pökel- und Kochsalz gut durchkneten und über Nacht kühl stellen. Speck ebenfalls durch die feine Scheibe drehen (einmal) und kühl stellen.

Vor dem Wurstmachen Kunstdärme eine Stunde in fließendem Wasser weichen lassen. Die gekörnte Brühe in heißem Wasser restlos auflösen, abkühlen lassen und die zwei Eier mit dem Schneebesen einrühren.

Das Fleisch und den Speck kurz in den Gefrierschrank zum Kühlen stellen, aber nicht anfrieren lassen. Jeweils zwei Eßlöffel Fleisch mit zwei Eßlöffeln kalter Brühe-Ei-Mischung in der Moulinette sehr fein pürieren, einen Eßlöffel Speck und einen Eßlöffel Brühe-Ei-Mischung hinzusetzen und erneut pürieren. So verfährt man weiter, bis alles Material verarbeitet ist. Mit dem Milchzucker, den Gewürzen und den Senfkörnern gut vermischen.

Ist das Brät fest genug, kann es mit dem handbetriebenen Fleischwolf und Wurstfüller in die Kunstdärme gefüllt werden. Ansonsten die Därme eßlöffelweise von Hand füllen und mit einem kleinen Quirl möglichst prall und luftfrei stopfen.

Die Würste in einen Topf mit kaltem Wasser legen, mit einem umgedrehten Teller beschweren, so daß sie ganz vom Wasser bedeckt sind. Die Temperatur langsam bis auf 72 °C, höchstens aber bis 75 °C erhöhen, mit einem Einkochthermometer kontrollieren und eine Stunde brühen. Hängend auskühlen lassen.

Auf einem Elektroherd mit Schalterstellungen von 1 bis 12 reicht meist die Schaltung 3 bis 4 aus. Ansonsten mit Schalterstellung 1 anheizen, herunterschalten auf ½. Übersteigt die erreichte Temperatur 72 °C, Topf kurz herunternehmen und wieder aufsetzen.

Bei Gasherden mit nur einer großen und einer kleinen Flammenregulierung die kleine benutzen und eine Asbestplatte zwischen Flamme und Topf legen. Trotzdem muß der Topf gelegentlich heruntergenommen und wieder aufgesetzt werden, weil das Wasser auch bei kleiner Flamme 75 °C leicht übersteigt. Wenn Sie aber die Temperatur mit einem Einkochthermometer überwachen, klappt es ganz gut, das habe ich selber ausprobiert.

Sollte sich am Wurstrand ein minimaler Gelee- oder Fettrand bilden, das kann bei unserer »Hausmacher« schon mal passieren, ist das nicht weiter schlimm. Es ist der kleine Preis dafür, daß wir auf künstliche Emulgatoren verzichten. Schmecken wird sie aber ausgezeichnet.

Für die folgenden Sorten gebe ich Ihnen nur die Mengenangaben, die Verarbeitung ist gleich, wie oben beschrieben.

Schinkenwurst

1 kg mageres Schweinefleisch, 500 g fetter Speck, je 1 gestrichener Eßlöffel Pökelsalz und Kochsalz, 1 gestrichener Eßlöffel Milchzucker, 1 gestrichener Teelöffel weißer Pfeffer, ½ gestrichener Teelöffel Ingwer, ½ gestrichener Teelöffel Kardamom, 1 gestrichener Teelöffel gekörnte Brühe, 2 Eier, 100 ccm Wasser, 1 Tasse kleingewürfelter fetter Speck

Zubereiten wie im vorigen Rezept angegeben, vor dem Füllen die Speckwürfel in das Brät einarbeiten und wie beschrieben brühen.

Pfeffer-Brühwurst

Die gleichen Zutaten wie bei der einfachen Bierwurst verwenden, die Senfkörner aber weglassen und statt dessen grüne Pfefferkörner in das Brät einarbeiten. Wie beschrieben weiter verarbeiten.

Champignon-Brühwurst

Stellen Sie das gleiche Grundbrät wie im ersten Rezept her, lassen Sie die Senfkörner weg und mischen Sie in die Füllung möglichst kleine, eingelegte Champignons. Dazu (aus dem Lebensmittelgeschäft oder Supermarkt) zwei Päckchen Pistazien. Die Nüsse aus der Schale lösen, mit kochendem Wasser übergießen und die Haut abziehen.

Sie sehen, aus Brät lassen sich, mit etwas abweichender Würzung, durch verschiedene Einlagen ganz unterschiedliche Würste herstellen. Probieren Sie zum Beispiel die Schinkenwurst statt mit Speckwürfeln mit 200 Gramm in kleine Würfel geschnittenem, gekochtem Schinken oder arbeiten Sie in das erste Rezept (Bierwurst) zusätzlich Zungenwürfel ein. Dazu eine kleine Schweinezunge in Salzwasser mit zwei Lorbeerblättern, drei Pimentkörnern und einer Zwiebel weichkochen, die Haut abziehen und die Zunge würfeln. Aus praktisch einem Grundbrät mit zwei unterschiedlichen Würzungen haben wir sechs verschiedene Würste gemacht. Übrigens, viel anders halten es die Metzger auch nicht. Sie beziehen meistens von einer Gewürzmühle ein fertig angemischtes sogenanntes Brühwurst-Gewürz, mit dem sie das Grundbrät zubereiten und durch unterschiedliche Füllungen variieren.

Auch aus unserem nächsten Brät lassen sich vier verschiedene Brühwurstarten herstellen. Als erstes machen wir aus den Grundzutaten eine

Jagdwurst

600 g mageres Rindfleisch, 200 g mageres Schweinefleisch, 200 g fetter Speck, je 1 Teelöffel Pökelsalz und Kochsalz, 1 gestrichener Teelöffel weißer Pfeffer, ½ gestrichener Teelöffel Ingwer, ½ gestrichener Teelöffel Koriander, 1 Teelöffel gekörnte Brühe, 2 Eier, 200 g gekochter Schinken (gewürfelt), 2 Teelöffel Senfkörner, 100 g fetter Speck (klein gewürfelt)

Das Fleisch wie angegeben möglichst gut gekühlt mit der ebenfalls gekühlten Brühe-Ei-Mischung zu einem feinen Brät verarbeiten, mit den Gewürzen, den Senfkörnern, den Speck- und Schinkenwürfeln vermischen und wie beschrieben brühen.

Aus der gleichen Fleischmenge entsteht die

Mortadella

Bei den Gewürzen ersetzen wir den Koriander nur durch Kardamom, fügen einen halben bestrichenen Teelöffel Muskatblüte, etwas Knoblauchpulver und ein Päckchen Pistazien hinzu, die wir wie bei der Champignon-Brühwurst beschrieben brühen und die Haut abziehen. Wie angegeben füllen und brühen.

Oder probieren Sie doch einmal die

Zungen-Brühwurst

600 g mageres Rindfleisch, 200 g mageres Schweinefleisch, je 1 Teelöffel Pökel- und Kochsalz, 1 gestrichener Teelöffel weißer Pfeffer, 1 gestrichener Teelöffel Ingwer, ½ gestrichener Teelöffel Muskatblüte, 1 Messerspitze Knoblauchpulver, 1 Teelöffel gekörnte Brühe, 100 ccm Wasser, 2 Eier, 1 gekochte Schweinezunge

Aus den Zutaten wie gewohnt das Brät herstellen und die Gewürze gründlich untermischen. Schweinezunge kochen, abziehen und kleingewürfelt dazugeben. Wie üblich füllen und brühen.

Oder, wie wäre es mal ganz einfach? Mit der

Fleischwurst einfach

Die Zutaten und die Gewürze sind die gleichen wie im vorhergehenden Rezept, die Zungenwürfel werden allerdings weggelassen und das Brät in einen dünneren Ringdarm mit handbetriebenem Fleischwolf und Wurstfüller gestopft. Gebrüht wird wie üblich.

Ich habe bei meinen Versuchen mit diesen Rezepten in der eigenen Wurstküche die Erfahrung gemacht, daß sowohl gekörnte Brühe als auch Brühwürfel unterschiedlich intensiv würzen können, das ist herstellungsbedingt. So kann zum Beispiel gekörnte Brühe, die in einem Discountgeschäft gekauft wurde, weniger intensiv schmecken als ein sogenanntes Markenfabrikat.
Sollte also Ihre Wurst beim ersten Versuch entweder zu mild oder etwas zu würzig sein, verändern Sie Ihrem Geschmack entsprechend den Anteil der Brühe. Der Salzgehalt der gekörnten Brühe oder eines Brühwürfels kann sich nämlich auf die Würzung auswirken.
Übrigens, Kardamom und Koriander sind nicht überall erhältlich, weil es seltener benutzte Haushaltsgewürze sind. So wird Kardamom meistens nur für die Weihnachtsbäckerei am Ende des Jahres angeboten. Ich fand aber beides in einem Reformhaus. Dabei ergab sich für mich ein weiterer, zusätzlicher interessanter Hinweis, den ich gerne an Sie weitergeben möchte. Man kann nämlich davon ausgehen, dort auch die anderen benötigten Gewürze zu bekommen, die nicht zur Konservierung nuklear bestrahlt sind und die aus biologischem Anbau stammen. Sie sind allerdings teurer als die woanders gekauften.
Natürlich gilt auch für die Brühwürste, was ich an anderer Stelle schon mehrfach erwähnt habe: Auch sie lassen sich allein mit Kochsalz herstellen. Pökelsalz benutzen wir nur, um die gewohnte rosa Färbung der Brühwurst zu erzielen. Selbstverständlich können Sie auf die angegebenen Mengen an Pökelsalz verzichten und sie durch normales Kochsalz ersetzen, wenn Sie das durch das Pökelsalz eventuell damit verbundene Risiko ausschalten wollen und Ihnen an der Färbung nicht so viel gelegen ist.

Sülzen

Das ist nun ein für mich sehr erfreuliches Kapitel. Nicht jeder mag Sülzen, aber alle kennen sie. Sie sind einfach und unkompliziert und machen – im wahrsten Sinne des Wortes – keine großen Geschichten. Das heißt, all die komplizierten Erläuterungen, wie sie bei den Roh- und Brühwürsten erforderlich waren, um zu wissen, was warum gerade so funktioniert, können wir uns hier sparen. Sülzen sind unterschiedliche Einlagen – Fleisch, Eier, Gemüse – in Gelee. Und ganz gleich, ob wir uns die im Fleisch vorhandenen Gelierstoffe zunutze machen oder käufliche Gelatine verwenden, beides sind natürliche Zutaten. Kurioserweise steht der Stoff, der in Schwarten, in Kalbs- und Schweinefüßen in hohem Maß vorhanden ist, in ganz anderem Zusammenhang zumindest bei Damen in hohem Ansehen – nämlich das Kollagen. Hautcremes zugesetzt, verspricht es eine glatte Haut und jugendfrisches Aussehen. Dieses Kollagen ist auch in der menschlichen Haut vorhanden, die Experten streiten sich aber immer noch, ob es – äußerlich aufgetragen – wirklich die angepriesene Wirkung erzielt.

Kollagen ist die Substanz – genau gesagt eine Eiweißverbindung –, die die Zellen zusammenhält. In der tierischen Haut, der Schwarte, ist Kollagen genauso enthalten wie in Knorpel und Knochen. Und es ist, wie schon gesagt, wirklich egal, ob wir uns die Gelierfähigkeit ausgekochter Schweine- oder Kalbsfüße und von Schwarten zunutze machen oder Blattgelatine oder Aspikpulver kaufen, auch die Wirkung ist die gleiche. Kein Wunder, denn die Lebensmittelindustrie gewinnt diese Artikel durch das Auskochen von Schwarten, Schweinerüsseln und -ohren, Kalbs- und Schweinefüßen als absolut reines Naturprodukt.

Machen wir die Probe aufs Exempel mit unserer deftigen

Hausmachersülze

Schon meine Großmutter und auch meine Mutter kochten sie auf die gleiche Weise. Sie mußte nach dem Erstarren einen dicken Fettrand obenauf haben – dann war sie richtig.

1 Eisbein von 500 g bis 600 g, 500 g dicke Schweinerippe (beides frisch oder gepökelt), 1 Schweinefuß, 3 große Möhren, 1 große saure Gurke, eventuell etwas Salz, 2 Lorbeerblätter, 3 Pimentkörner, 1 große Zwiebel, 1 Schuß Weinessig

Das Eisbein und den Schweinefuß am besten vom Metzger in zwei Teile hacken lassen. In einem weiten, flachen Topf zusammen mit der dicken Rippe in ungefähr zwei Stunden weichkochen. Bei ungepökelten Zutaten dem Kochwasser neben der Zwiebel, den Lorbeerblättern und dem Piment Salz zusetzen. Pökelfleisch aber in ungesalzenem Wasser garen. Durch das Zerkleinern von Eisbein und Schweinefuß und durch das Kochen in dem weiten, flachen Topf wird weniger Wasser benötigt, die Gelierstoffe werden höher konzentriert und somit die Sülze fester.

In den letzten 20 Minuten der Kochzeit die geputzten Möhren mit weichkochen. Die Kochbrühe mit Essig säuerlich abschmecken. Das Fleisch von den Knochen lösen und in kleine Würfel schneiden, Möhre und saure Gurke ebenfalls würfeln, alles miteinander mischen, in eine Schüssel oder eine Kastenform füllen und mit der durchgesiebten Brühe übergießen, bis das Fleisch mit Flüssigkeit bedeckt ist. Die Sülze erstarren lassen. Soll sie gestürzt werden, mit einem Messer vom Rand des Gefäßes lösen, die Schüssel oder Form kurz in heißes Wasser tauchen und dann auf eine Platte oder einen Teller stürzen.

Wenn Sie der Fettrand auf der Sülze stört, lassen Sie die Kochflüssigkeit erkalten und heben das erstarrte Fett ab. Bei langsamem Erwärmen wird die gelierte Brühe wieder flüssig und kann dann entfettet über das zerkleinerte Fleisch gegossen werden.

Diese Sülze wird nicht klar, sondern enthält die beim Kochen vom Fleisch abgegebenen Trübstoffe. Sie läßt sich aber klären, wenn Sie das gegarte Fleisch entnehmen, die Brühe durchseihen und erkalten lassen. Dann wird in die abgekühlte Flüssigkeit ein Eiweiß mit dem Schneebesen untergemischt und die Brühe unter Rühren so lange erhitzt, bis das Eiweiß Flocken bildet, die die trüben Bestandteile gebunden haben. Durch ein Mull- oder Leinentuch gießen und über das gewürfelte Fleisch geben.

Diese Hausmachersülze paßt gut zusammen mit Remoulade zu knusprigen Bratkartoffeln als Abendessen. Man kann sie für diesen Zweck portionsweise in Tassen oder kleine Kompottschüsselchen füllen und erstarren lassen.

Die etwas vornehmere Schwester ist die Weinsülze.
Sie bekommt ihre pikante, leichte Säure durch trockenen Weißwein. Diese säuerliche Note in Sülzen und Aspiken hat nicht nur eine geschmacksgebende Funktion. Ganz gleich, ob wir einen Schuß Essig oder einen herben Weißwein mit seinem niedrigen Zuckergehalt verwenden, die dem Gelee vermittelte Säure hat auch eine konservierende Wirkung, sie bremst das Bakterienwachstum. (Ansonsten wäre unsere Gelatine ein idealer Nährboden. Sie besteht nämlich zu 84 Prozent aus tierischem Eiweiß in der Trokkenmasse. Das machen sich die Wissenschaftler zunutze, indem sie Bakterienstämme zu Forschungszwecken auf einem Gelatinespiegel in flachen Glasschalen, den sogenannten Petrischalen, züchten.)

Wir brauchen für unsere

Weinsülze

300 g mageres Schweinefleisch, 1 Möhre, 1 kleines Stück Sellerie, das Weiße von 1 kleinen Porreestange, etwas Petersilie (oder ein gekauftes, fertig zusammengestelltes Suppengrün), 1 Zwiebel, 3 Gewürznelken, 1 Lorbeerblatt, 4 Pfefferkörner (weiß), 1 Glas herben Weißwein (200 ccm), 1 Schuß Estragonessig, eingelegten roten Paprika in Streifen, Champignons, 6 Blatt Gelatine

Damit die Sülze besser aussieht, verwenden wir gepökeltes Fleisch, das seine rosa Farbe behält. Es bietet sich an, mageres Kasseler zu verwenden. Stört es Sie aber nicht, daß das Fleisch beim Kochen grau wird, wenn Sie auf Pökelsalz verzichten, nehmen Sie Schnitzelfleisch, eine dickere Scheibe Schinken oder mageren Schweinebraten.
Fleisch in Streifen schneiden, in einer kleinen Kasserolle mit Suppengemüse, Pfefferkörnern, Lorbeerblatt und der Zwiebel (in die wir die Gewürznelken gesteckt haben) in einem viertel Liter Wasser weichkochen. Das Fleisch herausnehmen, Brühe durchseihen, abkühlen lassen und abfetten. Danach langsam wieder erwärmen und mit einem Eiweiß klären.
200 ccm Weißwein und 200 ccm Wasser mit einem Schuß Estragonessig mischen. Von der erkalteten Brühe 100 ccm abmessen, hinzugeben und zusammen erhitzen (nicht zum Kochen bringen!). Die vorher kalt eingeweichte und gut ausgedrückte Gelatine (Packungshinweis!) hineinrühren. Das würfelig geschnittene Fleisch mit den ebenfalls klein gewürfelten Paprikastreifen und möglichst kleinen Champignons (aus dem Konservenglas) mischen.
Als Form empfehle ich Ihnen eine sogenannte Rehrückenform. Sie ist halbrund und hat eine Einteilung für die einzelnen Scheiben. Das sieht bei der gestürzten Sülze sehr hübsch aus.

Übrigens, für das gute Aussehen unserer Sülzen soll ein weiterer Trick helfen: Stellen Sie die vorgesehenen Formen vor dem Einfüllen der Sülzen für eine halbe Stunde in den Tiefkühlschrank. In der Zwischenzeit die Gelatine (ohne die Einlage) so weit abkühlen lassen, daß sie beginnt, dickflüssig zu werden. Nun wird in die tiefgekühlte Form die Flüssigkeit bis zum Rand eingefüllt. Durch die Kälte der Form erstarrt sofort eine dünne Geleeschicht an ihren Wänden. Den Rest der Flüssigkeit ausgießen, mit den Einlagen mischen und erneut in die Form füllen. Wird die Sülze gestürzt, bildet die zuerst gegossene, am Rand der Form entstandene klare Geleeschicht einen glänzenden Überzug, den sogenannten »Spiegel«.

Zum Stürzen von Sülzen wird die Form kurz – aber bitte nur ganz kurz – in warmes Wasser getaucht. Die äußerste Schicht des Gelees verflüssigt sich wieder etwas, und die Sülze löst sich leicht aus der Form. Aber Achtung! Wirklich nicht zu lange im warmen Wasser lassen, sonst schmilzt der gesamte Spiegel!

Wer gern auf die Linie achtet, dem empfehle ich die

Geflügelsülze

Sie wird auf die gleiche Art hergestellt wie die Weinsülze. Statt Schweinefleisch verwenden Sie hierbei entweder Hühner- oder Putenbrust. Beides gibt es in der Tiefkühltruhe in Lebensmittelgeschäften oder im Supermarkt. Können Sie es dort nicht bekommen, kochen Sie ein Suppenhuhn weich und benutzen Sie für die Sülze das Brustfleisch, eventuell zusätzlich das von den Keulen. In diesem Fall die Brühe bitte gut abfetten, da ein Suppenhuhn meist einen hohen Fettanteil hat. Den Rest von Brühe und Fleisch können Sie sehr gut noch für eine Hühnersuppe oder -brühe verwenden.

Schinkensülze

Sie wird aus den gleichen Grundzutaten zubereitet, als Einlage nimmt man mageren, gekochten Schinken (200 bis 250 Gramm).

Da der Schinken bereits gekocht ist, wird die Brühe nur aus dem Suppengrün mit den genannten Gewürzen gekocht. Sie ist natürlich sehr mild, um nicht zu sagen fad, und wird deshalb mit gekörnter Brühe verfeinert. Aber bitte abfetten und klären nicht vergessen, da in gekörnter Brühe (oder auch im Brühwürfel) Fett und Trübstoffe enthalten sind.

Wissen Sie, wie man verlorene Eier macht? Die brauchen wir nämlich für das folgende Rezept. Bringen Sie in einem Topf schwach gesalzenes Wasser mit einem Schuß Essig zum Kochen. In eine kleine Suppen- oder Soßenkelle ein Ei aufschlagen und es dann vorsichtig und langsam aus der Kelle in das kochende Wasser gleiten lassen, dabei das Eiweiß über den Dotter ziehen. Acht Minuten kochen lassen, mit dem Schaumlöffel herausnehmen und auf Küchenkrepp abtropfen lassen.
Ich weiß, wie schwierig das ist, wenn man es noch nie gemacht hat. Es erfordert schon ein wenig Übung und Fingerspitzengefühl, ehe es klappt. Die ersten drei nicht perfekt gelungenen Eier verwandelten sich bei mir mit Senfsoße und Kartoffelpüree in ein Abendessen.
Natürlich werden verlorene Eier nicht makellos rund, an den Rändern neigen sie zum »Ausfransen«. Mit einer Küchenschere schneidet man sie vorsichtig etwas rund.

Für ein kaltes Büffet bei Feiern, Festen oder Partys können Sie, auch wenn es etwas arbeitsaufwendig ist, großen Erfolg erzielen mit der

Delikateß-Sülze
Sie wird portionsweise in Tassen hergestellt. Kaufen Sie die kleinsten Eier, die Sie bekommen können (sogenannte Kükeneier oder Größe V). Dazu brauchen Sie weichgekochtes Hühner- oder Putenfleisch (Brust oder Schenkel) und entfettete und geklärte Hühnerbrühe (Kochbrühe oder Instant-Hühnerbrühe). Außerdem etwas trockenen Sherry und Estragonessig. Zum Garnieren verwenden Sie Delikateßgürkchen (Cornichons) und kleine Champignons aus dem Konservenglas. Gelatine je nach Bedarf verwenden (6 Blatt für einen halben Liter Flüssigkeit).
Die Mengen richten sich natürlich danach, wieviel Portionen Sie herstellen wollen. Rechnen Sie pro Person ein Ei. Eine normale Kaffeetasse faßt im allgemeinen ca. 150 ccm. Da aber ein Teil des Volumens von der Einlage ausgefüllt wird, erhalten Sie aus einem halben Liter Brühe (mit 6 Blatt Gelatine) ungefähr zehn Portionen.
Hühnerfleisch mit Suppengrün in Salzwasser weichkochen, Brühe durchseihen, abfetten und klären. Mit Sherry und Estragonessig abschmecken, Gelatine in der Brühe auflösen und erkalten lassen. Die Tassen eine halbe Stunde im Tiefkühlschrank vorkühlen. In die eiskalten Tassen wie beschrieben einen Spiegel gießen. Auf die erstarrte Schicht ein Dekor auflegen.

Das kann aus blättrig geschnittenen Champignons, Gurkenscheibchen oder -streifen, aus Scheiben einer weichgekochten Möhre oder aus Radieschenscheiben bestehen. Über dieses Dekor vorsichtig mit einem Teelöffel etwas von der Geleeflüssigkeit geben, damit es fixiert wird. Noch einmal kühl stellen und anschließend das verlorene Ei daraufgeben. Um und auf das verlorene Ei kommen Hühnerfleischstreifen und eventuell kleingeschnittene Champignons. Danach die Tassen mit dem Gelee randvoll gießen. Die fertige Sülze wird später auf Salatblätter gestürzt.
Diese Sülze schmeckt nicht nur hervorragend, sie sieht auch besonders hübsch aus, wenn Sie sich mit dem Dekor ein wenig Mühe gegeben haben. Versuchen Sie einmal, drei Scheiben von kleinen, blättrig geschnittenen Champignons zu einem Kleeblatt und den Stengel aus dünnen Gurkenstreifen zu legen. Oder zuerst eine kleine Möhrenscheibe, darauf eine große Radieschenscheibe, umgeben von kleinen Blütenblättern aus oval zugeschnittenen kleinen Möhrenstückchen oder roter Radieschenschale. Gestürzt ziert die Sülze dann eine Blüte. Ihrer Phantasie sind bei der Dekoration keine Grenzen gesetzt, nur müssen Sie darauf achten, immer spiegelverkehrt zu arbeiten, damit später nach dem Stürzen das normale Bild erscheint.

Terrinen

Meist wird das, was Köche und Metzger unter »Terrine« verstehen, als Pastete verkauft, obwohl zwischen beiden ein Unterschied besteht. Die Bezeichnung »Terrine« leitet sich aus dem lateinischen Wort für Erde – terra – ab und bedeutet »irdenes Gefäß«. Also eine Form aus gebranntem (und in unserem Fall auch glasiertem) Ton oder aus Steingut. Diese Formen sind feuer- bzw. ofenfest, und man bezeichnet in ihnen gebackene Fleischfarcen als »Terrinen«.
Pasteten dagegen sind in einer Teighülle gebackene Füllungen. Obwohl diese Bezeichnungen genau und korrekt sind, findet man trotzdem in Metzgereien und Supermärkten, ja selbst in Feinkostgeschäften Terrinen immer wieder als »Leberpastete« oder unter Phantasienamen wie »Ardenner« oder »Bauernpastete« angeboten.
Nun, wir wissen es ja jetzt besser und wollen uns auch an die richtige Bezeichnung halten. Zum Beispiel bei der recht einfach herzustellenden

Bauernterrine

300 g mageres Kalbfleisch, 300 g magere Schweineschulter, 300 g Schweineleber, 200 g fetter Speck, 2 große Zwiebeln, 1 Knoblauchzehe, 1 Ei, 1 gestrichener Teelöffel Pastetengewürz, 1 gehäufte Messerspitze Cayennepfeffer, etwas weißer Pfeffer, Salz, 1 Teelöffel Weißweinessig

Fleisch und Leber mit dem Speck einmal durch die feine Scheibe des Fleischwolfs drehen. Die Zwiebeln fein reiben, die Knoblauchzehe mit der Presse zerdrücken, mit dem Ei, den Gewürzen und dem Essig zu Fleisch, Leber und Speck geben und alles gut miteinander vermischen.
Eine glasierte Tonform oder eine Kastenform fetten und mit Semmelbröseln ausstreuen. Den gewürzten Fleischteig einfüllen und mit einem Löffel fest andrücken. Terrinenform mit Alufolie abdekken und Deckel aufsetzen, metallene Kastenform ebenfalls mit Alufolie fest verschließen.
Im Backofen die Form auf ein mit Wasser gefülltes Blech setzen, den Ofen auf 180 °C einstellen und nach dem Erreichen der gewünschten Temperatur 90 Minuten garen. Die Terrine im Ofen auskühlen lassen.

Meine ersten Terrinen und Pasteten habe ich, wie es in fast allen Rezeptbüchern angegeben wird, in den bereits vorgeheizten Backofen gestellt. Durch die große Hitze zieht sich das Fleisch aber ziemlich schnell zusammen, Wasser und Fett treten aus, die Füllung ist dann von der Flüssigkeit umgeben. Kommt die Form aber in den kalten Ofen und steigt die Temperatur langsam an, kann das Ei als Bindemittel besser wirken.

Kühl dagegen geht es zumindest bei der Herstellung der Farce zu für die

Geflügelleberterrine

Der Effekt ist ein ähnlicher, wie bei der Brühwurstherstellung beschrieben, um die Bindung der Farce durch gute Kühlung zu erhöhen.

200 g magere Schweineschulter, 200 g Schweineleber, 125 g mageres Kalbfleisch, 125 g fetter Speck, 200 g Hähnchenleber (Tiefkühltruhe), 1 Zwiebel, 1 Knoblauchzehe, 1 Ei, 1 Gläschen Madeira, 2 Eßlöffel süße Sahne, ½ Teelöffel Piment (gemahlen), 1 gehäufter Teelöffel Pastetengewürz, 2 gestrichene Teelöffel Salz, ½ schwach gestrichener Teelöffel weißer Pfeffer, 2 Eiswürfel, 2 Eßlöffel Butter

Fleisch, Speck und Schweineleber zweimal durch die feine Scheibe des Fleischwolfs drehen und in den Kühlschrank stellen.
Die Zwiebel und die Knoblauchzehe fein hacken und in der Butter andünsten, aus der Pfanne nehmen und im Bratfett die gesäuberten, trockengetupften Hähnchenlebern kurz anbraten und auf einen Teller legen. Den Bratensatz in der Pfanne mit dem Madeira loskochen und abkühlen lassen.
Die beiden Eiswürfel in ein sauberes Tuch einschlagen und mit einem Hammer vorsichtig zerkleinern. Das Eis in die Schüssel mit dem gekühlten Fleisch geben und so lange rühren, bis es geschmolzen ist. Die gekühlte Sahne, das Ei und den abgekühlten Bratfond unterrühren und dabei die Gewürze zufügen.
Eine Terrinenform (oder auch Kastenform) mit etwas Butter einfetten und mit Semmelbröseln ausstreuen. Bis knapp zur Hälfte mit der Farce füllen, die Hähnchenlebern vierteln und darauf verteilen. Dann die Form mit der restlichen Farce füllen, mit angefeuchtetem Löffelrükken festdrücken und glattstreichen. Wie im vorigen Rezept beschrieben abdecken und backen.

Eine besondere Köstlichkeit ist die

Dänische Leberterrine

500 g Schweineleber, 250 g fetter, ungeräucherter Speck, 2 Zwiebeln, 8 Anchovisfilets (oder Sardellenfilets), 4 Eier, ½ l Sahne, etwas Salz, ½ gestrichener Teelöffel weißer Pfeffer, 1 Teelöffel Majoran, je ½ gestrichener Teelöffel Piment und Zucker

Leber, Speck, Zwiebeln und Anchovis- oder Sardellenfilets in der Moulinette sehr fein pürieren. In einer Schüssel mit der Sahne und den Eiern gründlich verrühren. Dabei die Gewürze untermischen. Beim Salzen Vorsicht walten lassen, da sowohl der Speck als auch die eingelegten Filets bereits Salz enthalten. Schmecken Sie die Farce sorgfältig ab, damit sie nicht überwürzt wird.
Die Masse in eine gut gefettete Form füllen und im Backofen auf dem Rost stehend so lange bei 180 °C backen, bis sich auf der Terrine eine schöne braune Kruste bildet. Die Füllung ist dann mit Sicherheit gar.

Kalbfleischterrine

Für die Farce: *500 g magere Schweineschulter, 250 g fetter Speck, 1 Zwiebel, 1 Ei, ⅛ l Sahne, 1 Teelöffel Salz, 1 gestrichener Teelöffel weißer Pfeffer, 1 Teelöffelspitze Muskatblüte, 1 Teelöffelspitze Kardamom*

Für die Einlage: *250 g mageres Kalbfleisch, 1 Teelöffel Pökelsalz, 1 Gläschen Madeira, 1 Lorbeerblatt, ½ l Wasser*

Aus Wasser, Madeira, Pökelsalz und dem Lorbeerblatt am Tag vorher eine Marinade herstellen und darin das in Streifen geschnittene Kalbfleisch über Nacht einlegen. Am nächsten Tag herausnehmen, gut abspülen und weichkochen.
Schweineschulter, Speck und die Zwiebel in der Moulinette feinpürieren, mit dem Ei, der Sahne und den Gewürzen gut verrühren.
Diese Farce nun in eine gut gefettete Form schichtweise abwechselnd mit den weichgekochten Kalbfleischstreifen füllen. Dabei müssen die unterste und oberste Schicht jeweils aus Farce bestehen. Form mit Alufolie abdecken und mit dem Deckel verschließen. Die Form wird nun ins Wasserbad in den kalten Backofen gestellt. Hitze auf 180 °C einstellen und nach dem Erreichen der Temperatur 90 Minuten garen.

Zur »hohen Schule« gewissermaßen unter den Terrinen gehören kleine Köstlichkeiten, die auf der Zunge zergehen. Hinter der Bezeichnung »Soufflé« oder auch »Mousse« verbirgt sich eine besonders lockere und leichte Art der Terrinen. Sie werden – eben weil sie besonders köstlich sind – in kleinen Förmchen hergestellt und als delikate Vorspeise serviert. Diese feuerfesten Formen gibt es als sogenannte Ragout- oder Soufflé-Förmchen zu kaufen. Hier nun zwei erprobte Rezepte:

Leber-Soufflé

500 g Geflügelleber, 300 g frischer, durchwachsener Speck, 1 Zwiebel, ½ l süße Sahne, 5 Eiweiß, 1 Teelöffel Salz, 1 gestrichener Teelöffel weißer Pfeffer, 1 Teelöffel Majoran, 1 Teelöffelspitze Zucker

Leber und Speck gut vorkühlen, zusammen mit der Zwiebel in der Moulinette fein pürieren und im Kühlschrank wieder kalt stellen.
Die fünf Eiweiß anschlagen (aber nicht steif werden lassen) und zusammen mit den Gewürzen vorsichtig unter die Fleischmasse rühren. Die gekühlte Sahne ebenfalls dazugeben. Die Masse in gut gefettete Förmchen geben, aber nur bis zu drei Vierteln füllen. Das Soufflé geht nämlich auf. Im vorgeheizten Backofen bei 200 °C 20 Minuten backen und heiß servieren.

Schinken-Soufflé
entsteht auf die gleiche Weise. Statt der Geflügelleber verwenden wir mageren, gekochten Schinken.
Werden Soufflés nicht als Vorspeise sofort heiß serviert, fallen sie leicht zusammen. Aber selbst dann noch sind sie als Brotaufstrich ganz vorzüglich.

Pastetenteig

250 g Weizenmehl, 1 Ei, 2 Eßlöffel kaltes Wasser, ½ Teelöffel Salz, 125 g Butter

Das Mehl auf eine Arbeitsfläche geben. In die Mitte wird eine Mulde gedrückt und da hinein Ei, Wasser und Salz gegeben. Die weiche Butter wird in Flöckchen geschnitten über das Mehl verteilt und dann alle Zutaten zusammen zu einem glatten Teig verknetet.

Den fertigen Teig zu einer Kugel formen und in einer Schüssel zugedeckt im Kühlschrank ruhen lassen. Zum Backen wird der Teig ½ cm dick ausgerollt. Mit zwei Dritteln des Teigs wird die gefettete und mit Semmelbröseln ausgestreute Form ausgelegt. Der Rest, der beim Auslegen der Form übersteht, wird am Rand glatt abgeschnitten. Aus dem übriggebliebenen Drittel des Teigs wird für die Form ein passender Deckel geschnitten. Die an der

Die Kastenform wird gefettet, mit Semmelbröseln ausgestreut und mit dem Teig ausgekleidet. Die Farce nur bis zu einem Drittel der Form einfüllen.

Die Einlagen für die Pastete – hier sind es hartgekochte Eier – auf den Fleischteig legen. Dann um die Einlage herum und bis zum Rand der Form Farce weiter einfüllen.

Form abgeschnittenen Teigränder und der nach dem Ausschneiden des Deckels verbliebene Rest werden zusammengeknetet und nochmals ausgerollt. Daraus werden dann die Verzierungen ausgeschnitten bzw. ausgestochen.
Ich habe Ihnen deshalb die Kastenform empfohlen, weil sich – wenn Sie die Pastete entnehmen – davon schön gleichmäßige Scheiben schneiden lassen. Restliche Scheiben können Sie einzeln in Alufolie verpackt gut einfrieren.
Gebacken werden unsere Pasteten im auf 220 °C vorgeheizten Backofen. Die Form wird dabei auf der untersten Einschubleiste des Ofens auf die mit Wasser gefüllte Fettpfanne gesetzt. Die Backzeit beträgt 2 Stunden.
Die Füllung wird bis einen Finger breit unterm Rand in die mit Teig ausgekleidete Form gegeben. Den überstehenden Teigrand klappen wir nach innen. Ein Ei wird in Dotter und Eiweiß getrennt. Mit dem Eiweiß streichen wir den Teigrand ein und legen den Deckel auf. Das restliche Eiweiß zum Aufkleben der Verzierungen benutzen.
Das Eigelb wird mit einem Eßlöffel Dosenmilch verquirlt. Mit dieser Mischung wird die Oberfläche un-

Aus restlichem Teig den Deckel aufbringen, dabei das Dampfloch nicht vergessen. Teigreste zu Verzierungen formen.

Nach dem Backen wird in die fertige Pastete durch das Dampfloch das Gelee eingefüllt.

serer Pastete vor dem Backen bestrichen.
Damit der beim Backen entstehende Dampf aus der Pastete entweichen kann, schneiden wir ein kreisrundes Loch in den Deckel der Pastete.
Beim Backen schrumpft die Pastenfüllung etwas zusammen und bildet zwischen den seitlichen Wänden und dem Deckel einen schmalen Hohlraum. Wir füllen diesen Raum mit einem Gelee, das wir aus Wein und Gelatine herstellen (¼ Liter Wein und 6 Blatt Gelatine).
Als Wein eignen sich Madeira und halbtrockener Sherry, bei Pasteten mit viel hellem Fleisch eignet sich ein lieblicher Weißwein, bei Wildpasteten ein milder, fruchtiger Rotwein.

Beginnen wir nun den Reigen der wohlschmeckenden Bäckerei mit einer

Schweinefleischpastete

600 g möglichst magere Schweineschulter ohne Schwarten und Knochen, 100 g fetter Speck, 2 Zwiebeln, 1 Knoblauchzehe, 2 Eßlöffel Pistazien (gebrüht und geschält), 1 gestrichener Teelöffel schwarzer Pfeffer, 1 gehäufter Teelöffel Paprika edelsüß, ½ Teelöffel Majoran, 2 Eier, 1 eingeweichtes Brötchen, 4 Eßlöffel Sherry (trocken), Salz

Von der Schweineschulter 200 g mageres Fleisch in kleine Würfel schneiden, in der Pfanne kurz braun anbraten, leicht salzen und abkühlen lassen. Das restliche Fleisch (400 Gramm) zusammen mit den Zwiebeln und dem eingeweichten, ausgedrückten Brötchen zweimal durch die feine Scheibe des Fleischwolfs drehen. Speck sehr fein würfeln.
Das durchgedrehte Fleisch mit den Eiern, den Gewürzen, dem Sherry und der gepreßten Knoblauchzehe, den Fleisch- und Speckwürfeln gut durchmischen, mit Salz abschmekken und in die mit Teig ausgelegte Form fest einfüllen. Wie beschrieben backen und durch das Dampfloch nach dem Erkalten mit Sherrygelee auffüllen.

Ähnlich einfach herzustellen, aber etwas kräftiger im Geschmack ist unsere

Rindfleischpastete

*500 g mageres Rindfleisch,
1 großes Ei (oder zwei kleine),
1 große Zwiebel, 1 Knoblauchzehe,
1 eingeweichtes, ausgedrücktes Brötchen, Salz, Pfeffer, 1 gehäufte Messerspitze Chillipfeffer,
1 gestrichener Teelöffel Majoran (getrocknet), 2 Eßlöffel Pistazien,
1 Gläschen Weinbrand, 3 bis 4 hartgekochte Eier*

Das Fleisch mit der Zwiebel und dem Brötchen zweimal durch die feine Scheibe des Fleischwolfs drehen und mit der gepreßten Knoblauchzehe, den Gewürzen, dem Weinbrand und den Pistazien gut verkneten. Dabei mit Pfeffer und Salz abschmecken.
Die hartgekochten Eier schälen. Nun die mit Teig ausgekleidete Form zu einem Drittel mit der Fleischmasse fest füllen, die gekochten Eier längs in der Mitte hintereinander daraufsetzen und den Rest der Farce einfüllen. Wie beschrieben mit Teigdeckel schließen, backen, abkühlen lassen und mit Rotweingelee die Hohlräume ausgießen. Nehmen Sie einen milden, fruchtigen, aber nicht zu süßen Rotwein.

Wer es gern mager und eiweißreich mag, dem empfehle ich die

Geflügelpastete

*500 g Hühnerbrust (aus der Tiefkühltruhe), 1 Päckchen (ca. 300 g) Hähnchenleber (Tiefkühltruhe),
1 eingeweichtes, ausgedrücktes Brötchen, 1 kleine Zwiebel, Salz, weißer Pfeffer, 2 Eier, 1 Messerspitze Muskat, 1 Messerspitze Nelkenpulver, 5 Eßlöffel süße Sahne, etwas Madeira*

Die Hühnerbrust auftauen, zusammen mit dem Brötchen und der Zwiebel einmal durch die feine Scheibe des Wolfs drehen, gut kühlen.
Die aufgetauten Hähnchenlebern putzen, abspülen, trockentupfen und in etwas Butter kurz anbraten, salzen und mit Madeira ablöschen. Im Wein noch etwas dünsten.
Das durchgedrehte, gekühlte Hähnchenfleisch in der Moulinette pürieren. Dabei die ebenfalls gut gekühlte, mit den Eiern verquirlte Sahne eßlöffelweise beim Pürieren zugeben. Die Masse mit Pfeffer, Salz, Muskat und Nelkenpulver mischen, dabei Pfeffer und Salz nach Geschmack zugeben.
Die Form knapp zur Hälfte mit Fleischteig füllen, die gedünsteten Hähnchenlebern darauf legen (dabei die Ränder der Form freilassen) und mit dem Rest der Farce fest füllen. Teigdeckel aufsetzen, Pastete backen und auskühlen lassen. Zum Auffüllen eignet sich gut Madeiragelee.

Ebenfalls sehr fein und mit einem überraschenden »Innenleben« ist die

Kalbfleischpastete

250 g mageres Schweinefleisch, 250 g mageres Kalbfleisch, 125 g Schweineleber, 50 g fetter Speck, 1 Zwiebel, 1 kleine Knoblauchzehe, 1 Eßlöffel Weinbrand, 2 Eier, 1 Teelöffel Salz, 1 gestrichener Teelöffel weißer Pfeffer, etwas Majoran und Thymian (getrocknet), 1 Kalbszunge

Fleisch, Leber und Speck mit der Zwiebel zusammen zweimal durch die feine Scheibe des Wolfs drehen, mit der zerdrückten Knoblauchzehe, den Eiern, dem Weinbrand und den Gewürzen gut mischen.
Die Kalbszunge in gesalzenem Wasser mit einer kleinen Zwiebel, einem Lorbeerblatt und zwei Pimentkörnern weichkochen. Die erkaltete Zunge enthäuten und mit einem scharfen Messer so zurechtschneiden, daß ein länglicher Streifen mit ungefähr quadratischem Durchmesser entsteht.
Die mit Teig ausgekleidete Form zu einem Drittel fest mit Fleischmasse füllen, den Zungenstreifen in die Mitte darauf legen und den Rest der Farce seitlich und obenauf fest einfüllen. Mit Teigdeckel verschließen, backen, abkühlen lassen und die Hohlräume mit Madeiragelee füllen.

Einfach, aber nach wie vor unwiderstehlich gut ist die

Einfache Leberpastete

250 g Schweineleber, 150 g mageres Schweinefleisch, 150 g fetter Speck, 2 in Milch eingeweichte und ausgedrückte Brötchen, 2 Eier, 1 Zwiebel, ½ Bund Petersilie, 1 gestrichener Teelöffel Majoran (getrocknet), Pfeffer, Salz, ½ gestrichener Teelöffel Pastetengewürz, 1½ Schnapsgläschen Weinbrand

Leber, Fleisch, Speck, Zwiebel und die Brötchen zweimal durch die feine Scheibe des Fleischwolfs drehen, Eier, Pastetengewürz, Majoran und den Weinbrand dazugeben, mit Pfeffer und Salz würzen. Alles gut durchkneten und in die Form füllen. Abdecken und backen.

Die vornehmere Verwandte dieser einfachen Leberpastete ist die

Ardenner Leberpastete

200 g mageres Schweinefleisch, 200 g Schweinebauch ohne Schwarte und Knochen, 150 g Schweineleber, 200 g Schinkenabschnitte, 1 Zwiebel, 1 kleine Knoblauchzehe, 2 Eier, 1 Schnapsgläschen Cognac (oder Armagnac), 2 Schnapsgläschen Madeira, 2 Teelöffel Majoran (getrocknet), 2 Teelöffel Salz, 1 Teelöffel weißer Pfeffer, 1 kleines Gläschen eingelegter, grüner Pfeffer

In diesem Rezept habe ich Ihnen sogenannte Schinkenabschnitte empfohlen. Man findet sie bei sehr vielen Metzgern. Es handelt sich dabei um Endstücke, die sich nicht mehr zu Scheiben schneiden lassen, aber zu Kochzwecken verkauft werden. Nehmen Sie Abschnitte von rohem Schinken.
Fleisch und Leber mit der Zwiebel einmal durch die feine Scheibe des Wolfs drehen, mit den Eiern, Gewürzen, dem grünen Pfeffer, Cognac und Madeira gut mischen. Schinken würfeln.
In die mit Teig ausgekleidete Form die Hälfte des Fleischteigs fest einfüllen, darauf den gewürfelten Schinken geben, andrücken und mit dem Rest der Farce auffüllen. Schließen, backen und auskühlen lassen. Versuchen Sie hier zum Ausgießen ein Gelee aus entfetteter Brühe und Gelatine (¼ Liter mit 6 Blatt Gelatine).

Wenn Sie preiswert Hasenfleisch bekommen können – aber kein Hauskaninchen –, machen Sie doch mal eine pikante

Hasenpastete

300 g gebratenes Hasenfleisch, 100 g Schweineleber, 200 g Schweineschulter, 100 g fetter Speck, 1 Zwiebel, 2 Eier, 3 Eßlöffel Mehl, 3 Eßlöffel süße Sahne, 3 Eßlöffel Cognac, 1 Teelöffel Thymian (getrocknet), je 1 Messerspitze Muskat und gemahlene Nelken, Salz, schwarzer Pfeffer, 1 Glas Champignons (ca. 200 g), etwas Johannisbeergelee

Das Hasenfleisch über Nacht in eine Marinade aus herbem Rotwein, einer in Scheiben geschnittenen Zwiebel und einem Lorbeerblatt einlegen. Am nächsten Tag herausnehmen, trockentupfen und anschließend braten. Das gebratene Hasenfleisch, die Leber und die Schweineschulter mit der Zwiebel durch die feine Scheibe des Fleischwolfs drehen, Speck sehr fein würfeln. Eier, Mehl und Sahne miteinander verrühren, zusammen mit dem Cognac, den Gewürzen, Speckwürfeln und geviertelten Champignons mischen. Mit Pfeffer und Salz abschmecken. Die Masse in die Pastetenform füllen, backen und auskühlen lassen. Die Marinade durchseihen, ¼ Liter davon erwärmen, mit Johannisbeergelee süßlich abschmecken, 6 Blatt Gelatine darin auflösen und die Hohlräume der Pastete damit auffüllen.

Sehr hübsch im Aussehen, aber ein ganz klein wenig mehr mit Arbeit verbunden ist die

Mosaik-Pastete

Pastetengrundmasse nach Rezept »Schweinefleischpastete« (ohne Pistazien), 2 Frankfurter Würstchen, 200 g magerer, gekochter Schinken im Stück geschnitten, 1 großes Glas Gewürzgurken

Die mit Teig ausgekleidete Pastetenform mit einer Schicht Farce füllen, an den Längsseiten rechts und links – mit etwas Abstand zu den Rändern – je eine Reihe aus viereckig zugeschnittenen Kochschinkenstreifen legen, den Zwischenraum mit streifig geschnittener Gurke ebenfalls längs in mehreren Reihen ausfüllen. Alles vorsichtig mit einer dünnen Schicht Farce abdecken. In die Mitte der Form längs die Würstchen hintereinander auflegen. Rechts und links davon abwechselnd je eine dünne Schicht Farce und eine Reihe Gurkenstreifen übereinanderschichten. Gleichmäßig arbeiten, daß ein symmetrisches Muster entsteht. Oberhalb der Würstchen wieder eine Schicht Farce und – wie zu Beginn – Schinkenstreifen und Gurken. Alles noch einmal mit einer Schicht Farce bedecken. Teigdeckel darauf, backen, auskühlen lassen und mit Sherrygelee auffüllen. Bei der Schichtung und Dekoration muß sorgfältig gearbeitet werden, damit ein gleichmäßiges Muster entsteht.

Wenn Sie es gerne bunt, aber mit weniger Arbeit verbunden hätten, probieren Sie doch die

Schicht-Pastete

Pastetenfarce, wie zur Schweinefleischpastete, aber ohne Pistazien, 2 Päckchen tiefgekühlter Blattspinat, etwas Butter, 1 kleine Zwiebel, Salz, weißer Pfeffer, etwas geriebener Parmesankäse

In einem Topf in etwas Butter die feingehackte Zwiebel glasig dünsten, den Spinat dazugeben, ebenfalls dünsten und mit etwas Salz, Pfeffer und Parmesankäse würzen. Schichtweise mit der Fleischmasse abwechselnd in die Pastetenform füllen. Dabei müssen die unterste und oberste Schicht jeweils aus Farce bestehen. Wie üblich abdekken, backen und auskühlen lassen.

Versuchen Sie einmal zum Ausgießen der Hohlräume ein grünes Gelee. Vom Dünsten des Spinats ist ja Flüssigkeit übriggeblieben. Füllen Sie sie mit Wasser auf, so daß Sie eine Kaffeetasse voll Flüssigkeit erhalten. Eventuell mit etwas gekörnter Brühe nachwürzen und drei Blatt Gelatine darin auflösen.

Zum Schluß unseres Pasteten-Kapitels noch eine kleine, pikante Vorspeise, mit der Sie bei Gästen bestimmt Erfolg haben werden.

Pastetchen »Moana«

Moana war ein nettes Mädchen. Ich lernte sie als Kollegin in der Presseabteilung einer großen Kölner Schallplattenfirma kennen. Ehrenwort – sie hieß wirklich so! Als Tochter deutscher Eltern auf Hawaii geboren, wurde sie auf diesen so klangvollen Namen getauft. Wir nannten sie alle »das schöne, tiefe, blaue Meer«; das bedeutete nämlich der Name in der Übersetzung.

Moana war nicht gerade das Idealbild einer ranken, braunen Südseeschönheit – eigentlich hätte an ihr Herr Rubens viel mehr Freude gehabt. Aber sie trug ihren Namen mit dem dazugehörenden Charme ebensogern wie die paar – wirklich nur wenigen – überflüssigen Pfunde. Und die kamen nicht zuletzt daher, daß Moana eine traumhafte Köchin und gleichzeitig eine liebenswerte Gastgeberin war. In Erinnerung an dieses lebenslustige, mollige und hübsche Persönchen sollen die Pastetchen, mit denen sie uns auf ihrer Geburtstagsparty im Büro überraschte, ihren Namen tragen.

Bereiten Sie aus 200 Gramm fein durchgedrehtem, magerem Rindfleisch (Sie können auch fertiggekauftes Rinderhack nehmen), einem Ei, einer feingehackten Zwiebel, zwei Eßlöffel Semmelbröseln, Salz und Pfeffer einen Fleischteig zu. Würzen Sie – nach Ihrem eigenen Geschmack – mit einem Teelöffel Senf, einem Eßlöffel Tomatenketchup oder ein paar Spritzern Worcestersoße.

Tauen Sie ein Päckchen tiefgekühlten Blätterteig mit fünf Platten auf, teilen Sie die Platten in zwei Hälften und rollen Sie sie etwas dünner rechteckig aus. Nun wird auf jeder Teigplatte ein Eßlöffel Fleischmasse so verteilt, daß sie in der Mitte ein längliches Häufchen bildet. Die Schmalseiten der Teigplatte jeweils etwas nach innen einschlagen, eine Längsseite darüberziehen und nun die Pastetchen so rollen, daß sie länglich-rund werden. Die Teigränder mit Eiweiß festkleben. Ein Eigelb mit etwas Dosenmilch verquirlen, die Pastetchen auf ein mit kaltem Wasser abgespültes Backblech setzen, mit der Ei-Milch-Mischung bepinseln und im vorgeheizten Backofen bei 220 °C bakken, bis sie goldgelb sind. Sie sollen heiß serviert werden, können aber schon vorher vorbereitet sein. Nur, dann erst unmittelbar vor dem Bakken aufs Blech setzen und einpinseln.

Ich hoffe, Sie werden damit genauso großen Erfolg erzielen, wenn Sie Gäste zum Essen haben, wie ich. Oder wie das schöne, tiefe, blaue Meer – das Mädchen Moana.

Kühne
Grill-Senf
DREHEN UND ANHEBEN
FS
FRENZEL SENF
Kräuter-Senf
250 g
Paprika
edelsüß
Weißer
Pfeffer
gefriergemahlen
Kühne
Tomatenmark
doppelt konzentriert

Die »Compagnons« unserer schon traditionellen Rezepte stammen fast alle aus guten Familien. Handelt es sich doch bei ihnen schließlich um Spezialitäten, wie ich sie bei Freunden und Bekannten in alten, zum Teil handgeschriebenen Kochbüchern fand oder wie sie mündlich innerhalb der Familie von der Mutter an die Tochter überliefert wurden. So stammt von der Mutter einer meiner Kolleginnen das folgende Rezept für

Frühstücksfleisch
Es wird in kleinen Einmachgläsern zubereitet, so wie wir sie für die Kochwurst verwenden, und zwar am besten solche mit ¼ Liter Inhalt und Schnappverschluß.
Kaufen Sie beim Metzger oder im Supermarkt durchwachsenen, aber nicht zu fetten Schweinebauch in Scheiben. Die Schwarte bleibt diesmal daran. Das Fleisch wird unter lauwarmem Wasser abgewaschen und mit Küchenkrepp trockengetupft. Die Scheiben mit Pfeffer und Salz würzen, zusammenrollen und senkrecht mit der Schwarte nach oben in die Gläser setzen.
Bei Verwendung der ¼-Liter-Parfait-Gläser paßt jeweils eine gewürzte Scheibe Fleisch in jedes Glas. Die Gläser mit Gummiring und Schnappverschluß schließen, dabei darauf achten, daß die Glasränder sauber sind. Gummiringe naß auflegen.
Die Fettpfanne des Backofens etwa zwei Finger hoch mit Wasser füllen, die Gläser hineinstellen und bei 150 °C 1½ Stunden sterilisieren.
Durch den Kochvorgang setzen sich aus dem Fleisch Fett und aus der Schwarte Gelierstoffe ab. Kühlt das Fleisch im Glas ab, ist es von einem schmackhaften Gelee- und Fettrand umgeben. Auf Graubrot schmeckt diese Hausmacher-Spezialität ausgezeichnet.

Als ich das Rezept einmal probiert hatte, fiel mir dazu eine Variation ein, das

Frühstücksfleisch pikant
Im Supermarkt kaufte ich je ein Glas mittelscharfen Senf, Grill- und Kräutersenf und Tomatenmark in Tuben. Die Schweinebauchscheiben habe ich wie üblich gepfeffert und gesalzen, sie aber dann zusätzlich jeweils mit einer Senfsorte bestrichen beziehungsweise mit Paprika bestreut und Tomatenmark eingestrichen. Das Fleisch wurde wie üblich gerollt, in Gläser gefüllt und sterilisiert.
Ich kann Ihnen wirklich nicht sagen, welche Variation am besten war, mir schmeckten alle gleich gut. Vielleicht finden Sie beim Probieren unter diesen vier Arten Ihre Lieblingssorte heraus.

Panhas
ist eine typisch westfälische Spezialität. Auch von ihm gibt es viele unterschiedliche Rezepte. Grundlage für alle ist gute, fette Wurstbrühe. Teilweise wird diese Brühe mit Buchweizengrütze eingedickt, in anderen Orten verwendet man statt dessen Buchweizenmehl. Beides bekommen Sie, wenn Sie dieses Rezept probieren wollen, in Reformhäusern. Man unterscheidet »grauen« und »roten« Panhas. Im »roten« ist noch Schweineblut enthalten. Mir persönlich schmeckt er besser, aber – wie schon gesagt – wo bekommt man Schweineblut her?
Ich gebe Ihnen erst einmal das Rezept für den grauen Panhas:

250 g Suppenfleisch oder Rinderbrust, 250 g Schweineschulter,
1 große Zwiebel, Salz, weißer Pfeffer, Muskat und Piment,
eventuell ein paar Suppenknochen,
250 g Buchweizenmehl oder -grütze

Haben Sie noch Wurstbrühe übrig oder können Sie vom Metzger welche bekommen, kochen Sie das Fleisch in 1½ Liter Brühe. Ansonsten setzen Sie es in der gleichen Menge gesalzenem Wasser mit der Zwiebel und den Knochen auf und kochen es ganz weich. Das Fleisch und die Zwiebel einmal durch die feine Scheibe des Fleischwolfs drehen. Die Kochbrühe eventuell etwas nachsalzen, pfeffern und mit Muskat und Piment kräftig abschmecken. Sie soll ruhig überwürzt schmecken, Buchweizenmehl oder -grütze nehmen nämlich viel Würze auf.
Das durchgedrehte Fleisch wieder in die Kochbrühe zurückgeben, alles zusammen aufkochen und 250 g Buchweizenmehl oder -grütze einrühren. Beim Kochen kräftig rühren. Es muß ein dicker Brei entstehen, der zum Festwerden in Schüsseln gefüllt wird. Erkaltet wird der Panhas in Scheiben geschnitten und in Schweineschmalz aufgebraten. In Westfalen ißt man ihn mit knusprigen Röstkartoffeln. Die gebratenen Scheiben werden dünn mit Rübenkraut (Rübensirup) bestrichen.
Möchten Sie den Panhas gern »rot«, verrate ich Ihnen einen Trick. Kaufen Sie 500 Gramm einfache Blutwurst, entfernen Sie die Haut und rühren Sie die Wurstmasse in die Brühe ein – das funktioniert. Übrigens, mit Buchweizengrütze schmeckt der Panhas kräftiger und kerniger. Probieren Sie es mal.

Aus Frankreich kommt eine Spezialität, nach deren Rezept ich lange gesucht habe. Man kennt sie bei uns in Deutschland kaum, und das ist schade. Immer, wenn ich in Frankreich bin, lasse ich mir die Gelegenheit nicht entgehen, in einem kleinen Bistro ein sogenanntes »Sandwich Rillettes« zu kaufen. Es schmeckt so ähnlich wie Schmalzfleisch, nur viel besser. Sicher gibt es dafür auch unterschiedliche Zubereitungsarten, aber zwei gute Rezepte habe ich von einem Küchenmeister in der Bretagne bekommen, und die möchte ich an Sie weitergeben.

Rillettes de porc (sprich: Rijett)

500 g dicke Schweinerippe (ohne Knochen und Schwarte gewogen), 500 g Schweinebauch, 1 Lorbeerblatt, je ½ gestrichener Teelöffel Thymian, Salbei, Majoran, Basilikum, Muskat, gemahlene Nelken, 1 Teelöffel weißer Pfeffer, 1 Eßlöffel Salz, 100 g Schweineflomen, 1 säuerlicher Apfel, 1 gehäufter Teelöffel Paprika edelsüß

Das Fleisch von Schwarte und Knochen befreien und in Würfel schneiden. Die getrockneten Kräuter fein zerreiben, mit dem Salz und den übrigen Gewürzen (außer Paprika) mischen, die Fleischwürfel gut damit einreiben und über Nacht kalt stellen.
Am nächsten Tag Schweineflomen kleinschneiden, in einem Topf schmelzen lassen und die Fleischwürfel darin goldgelb anbraten. Das Fett in eine Schüssel abgießen, das Fleisch im Topf mit Wasser gerade bedecken und den geschälten, entkernten, geviertelten Apfel dazugeben. Auf kleiner Hitze so lange kochen lassen, bis das Fleisch zerfällt (das dauert einige Zeit).
Zwischendurch immer wieder umrühren und etwas Wasser ergänzen. Ist das Fleisch weich, den Deckel abnehmen und die Flüssigkeit unter Umrühren einkochen lassen. Das vorher abgegossene Fett wieder dazugeben, alles zu einer gleichmäßigen Masse miteinander verrühren, mit Paprika würzen und in Steintöpfe oder -schüsseln füllen. Die Rillettes halten sich sehr gut im Kühlschrank, können aber auch in kleinen Einmachgläsern eingekocht werden. Sie schmecken großartig auf Graubrot.

Gänsefleisch verwendet man für den

Rillettes de Tours

500 g Gänsekeulen (Tiefkühltruhe), 500 g mageres Schweinefleisch (Schinkenbraten oder Schnitzelfleisch), 500 g Flomen, ½ l Wasser, 2 gehäufte Teelöffel Salz, 1 säuerlicher Apfel, 1 Glas trockener Weißwein

Den Flomen würfeln und im Topf auslassen. Fleisch würfeln. Das Wasser mit dem Salz zum Kochen bringen, das ausgelassene, abgekühlte, aber noch flüssige Fett und das Fleisch zum Wasser geben. Das Fleisch so lange kochen, bis es sich mit einer Gabel zerdrücken läßt. Das dauert ungefähr 2½ Stunden. Achtung! Immer wieder etwas Wasser nachgießen, es darf nie so viel verdampfen, daß das Fleisch im puren Fett schwimmt. Es wird sonst hart!
Erst am Ende der Kochzeit soll das Wasser verdampfen. Ist nur noch Fett übrig, sofort abgießen, den Wein und den Apfel zum Fleisch geben und eine viertel Stunde ziehenlassen. Dann das Fleisch zerdrücken, das Fett wieder dazugeben und alles gut mischen. In Töpfchen oder Schüsseln abfüllen oder in Gläsern einmachen.

Wenn Sie der Meinung sind, Leberkäse sollte wirklich nach Leber schmecken, versuchen Sie doch mein erprobtes Rezept für

Hausmacher-Leberkäse

250 g Schweineleber, 250 g Schweinebauch, 100 g fetter Speck, 1 große Zwiebel, 1 Teelöffel Salz, je ½ gestrichener Teelöffel weißer Pfeffer, Muskat, gemahlene Nelken, 1 gehäufter Teelöffel Majoran, 3 Eier

Die Zwiebel in Ringe schneiden und in etwas Schmalz glasig dünsten. Fleisch, Leber, Speck und Zwiebel einmal durch die feine Scheibe des Fleischwolfs drehen, mit den Gewürzen mischen und in der Moulinette pürieren.
Die Eier hineinrühren und die Masse in eine gefettete, mit Semmelbröseln ausgestreute Kastenform füllen. Mit Alufolie schließen und im Backofen bei 120 °C auf der mit Wasser gefüllten Fettpfanne 1½ Stunden backen. Am Ende der Backzeit Folie entfernen und mit dem Grill oder hoher Oberhitze die Oberfläche bräunen.

Liefernachweis:
Für alle die Leser, die in ihrer Nähe kein Spezialgeschäft haben, hat sich die Firma:
Horst Beunings, Fleischereibedarf, Liebigstraße 177, 5000 Köln 30
bereit erklärt, im Postversandwege auch in kleineren Haushaltmengen Lieferungen auszuführen. Erhältlich sind: Pökelsalz, Därme, Kunstdärme, Sturzgläser, Pistazien, Wurstschnüre usw.

Nachwort

Es ist im allgemeinen üblich, am Ende eines Buches Dank zu sagen. Ich möchte an dieser Stelle Ihnen danken, daß Sie geduldig bis hierher das Buch gelesen haben.
In meinen Rezeptsammlungen findet sich noch einiges, das ich Ihnen gern aufgeschrieben hätte. Aber irgendwann ist jedes Buch einmal zu Ende und die vorgeschriebene Seitenzahl erreicht. Vielleicht ist es aber trotzdem hilfreich, Ihnen noch ein paar wenige, kleine Kniffe zu verraten. Sie haben bis hierher schon eine ganze Menge Hinweise und Empfehlungen gelesen, vielleicht sogar schon einen Teil der Rezepte ausprobiert und Erfahrungen gesammelt. So wird es Ihnen bestimmt leichtfallen, zum Beispiel bei den Brühwürsten durch das Auswechseln von Würzungen oder durch eine andere Mengenzusammenstellung eine eigene, neue Sorte zu erfinden. Und bei den Pasteten fällt Ihnen sicher ein, statt gekochtem Schinken vielleicht einmal Streifen von gekauftem Leberkäs zu verwenden und daraus eine schachbrettartige Füllung zu machen. Lassen Sie Ihrer Phantasie ruhig freien Spielraum. Ich hoffe, daß ich Ihnen bis hierher einiges an Grundwissen und Tricks verraten konnte.
Danken möchte ich aber trotzdem ein paar netten Leuten. Zuerst denen, die mir freundlicherweise mit Rat und Tat geholfen haben oder die mir Einsicht in ihre alten Familienkochbücher gewährt haben. Danken möchte ich auch denen, deren Arbeit darin bestand, aus einem Manuskript ein Buch zu machen. Den Kolleginnen und Kollegen im Verlag, die sich mit meinen Rezepten und mit meinem Manuskript beschäftigen mußten.
Mein erster Versuch, Wurst selbst zu machen, liegt einige Jahre zurück. Mut gemacht hat mir damals eine Sendung im Dritten Fernsehprogramm, nämlich die »Hobbythek«. Mein sehr geschätzter Kollege Jean Pütz hatte damals behauptet, außer Leberwurst und Pasteten könne man keine anderen Wurstsorten zu Hause herstellen. Lieber Jean, es geht *doch*! Hätte ich damals diese Sendung nicht gesehen und dadurch nicht Mut bekommen, es mit dem Wurstmachen selbst zu probieren, ich hätte wahrscheinlich nie andere Rezepte herausgesucht und probiert. So gilt meinem Kollegen Jean Pütz mein besonderer Dank, weil er mir Mut gemacht hat für den Anfang und mir dadurch die Grundlage gegeben hat, auf diesem Anfang aufzubauen und weiterzumachen.

Rezept-Register

Praktische Bücher für den Selbstversorger

Werner Schäfer
Band 48: **Brot backen**
Viele Rezepte und manche Kniffe, um schmackhaftes Brot selbst zu backen

Dave Laing/John Hendra
Band 49: **Bier brauen**
Selbst brauen mit genauen Anleitungen und Originalrezepten aus England

Christian Glynn
Band 50: **Käse machen**
Selbst schmackhaften Käse bereiten mit Hilfe der Rezepte und Tips eines Selbstversorgers

Keith Wicks
Band 51: **Wein keltern**
Viele Rezepte und eine sorgfältige Anleitung helfen dem Hobby-Winzer

Ravensburger Freizeit-Taschenbücher